میں نے آسمان سے آگ دیکھی۔

جہاد سے عیسیٰ تک - آگ کے نیچے بیعت

زندہ خطوط - 40 دن کی عقیدتی سیریز | کتاب 3

کی طرف سے

حضرت عیسیٰ البوبا ؛ زکریا گوڈسیگل ؛

MO Ogbe ؛ امب

سی لاڈی اوگبی ؛

کاپی رائٹ © صفحہ

میں نے آسمان سے آگ دیکھی۔
جہاد سے عیسیٰ تک - آگ کے نیچے بیعت
زندہ خطوط - 40 روزہ عقیدتی سلسلہ | کتاب 3

مصنفین
حضرت عیسیٰ البوبہ

Zacharias Godseagle
O. Ogbe سفیر پیر
Comfort Ladi اوگبے

پبلشر

زکریا گوڈسیگل اور گوڈسیگل وزارتیں
شائع شدہ: **زکریا گوڈسیگل**

رابطہ کریں - **https://www.otakada.org**
ambassador@otakada.org
ٹیلی فون/SMS +13024922440;
واٹس ایپ +2348032835348

فہرست

میں نے آسمان سے آگ دیکھی I saw Fire from Heaven URDU Edition (Living Epistles – 40 Day Devotional Series, #3) 1
کتاب کے بارے میں - میں نے آسمان سے آگ دیکھی- 3
پیپر بیک بیک کور بلرب 7
لگن 8
اعترافات 9
پبلشر کا اعتراف 11
قارئین اور ناظرین کے جوابات 13
پیش لفظ 15
PROLOGUE 17
تعارف | یہ آگ کے بارے میں ایک کہانی نہیں ہے- 20
باب 1 | وہ باپ جس نے ڈھانچہ بنایا 24
باب 2 | وہ ماں جو تبدیل ہوئی اور باقی رہی 27
باب 3 | امادو المدو بوبا اور تلوار 29
باب 4 | تشکیل تیز 32
باب 5 | میڈگوری، جہنم کا نظارہ، اور انکار 35
باب 6 | تیسرا وژن: 1982 - دی سرنڈر 37
باب 7 | میں نے آسمان سے آگ دیکھی - سرپرست 39
باب 8 | نو بار انہوں نے اسے مارنے کی کوشش کی- 41
باب 9 | پوشیدہ شاگرد اور بیعت انڈر کور 44
باب 10 | بقا سے ساخت تک: وزارت کا مینڈیٹ 46
حصہ اول کا نتیجہ 49
اس عقیدت کو کیسے استعمال کریں- 51
حصہ دوم | 40 دن کا اسٹریٹجک وفاداری کا سفر 57
دن 1 | آگ سے پہلے تشکیل 59
دن 2 | خاموش طاقت جو ماحول کو بدل دیتی ہے- 62
دن 3 | تلوار سے بچنے والا یقین 65
دن 4 | جب خدا بلیڈ کو روکتا ہے- 68
دن 5 | جب سچائی آپ کو پریشان کرتی ہے- 71
دن 6 | بیعت کی منتقلی کا دن 74
دن 7 | جب بیعت اپوزیشن کو راغب کرتی ہے- 77
دن 8 | آگ کے نیچے محفوظ 80
دن 9 | اعلان کے بغیر بیعت 83

دن 10 | جب منافقت آپ کو پیچھے ہٹنا چاہتی ہے-........................ 86
دن 11 | "ہم بہت دور جا چکے ہیں".. 89
دن 12 | اپنی پوسٹ لیں-... 92
دن 13 | ایک ہی میز پر کھانا.. 95
دن 14 | جب اتھارٹی میں وحی کی کمی ہوتی ہے-............................ 99
دن 15 | خاموش یقین کی طاقت.. 102
دن 16 | جب سزا آپ کو سب سے پہلے مہنگی پڑتی ہے-.................... 105
دن 17 | جب وحی کافی نہیں ہے-.. 108
دن 18 | جب آپ کا سرپرست گر جاتا ہے-... 111
دن 19 | جب جنت حرکت کرتی ہے - لیکن صرف ایک ہی جواب دیتا ہے-...... 114
دن 20 | ایک کی خاطر.. 118
دن 21 | گولی مار دی۔ مارا۔ فرض کیا کہ مردہ-.............................. 122
دن 22 | پیمانے پر محفوظ.. 126
دن 23 | نشان زد - لیکن غیر متحرک.. 130
دن 24 | معیار بلند کریں-.. 134
دن 25 | وہ چیز بنائیں جو آگ کو ختم کرے-.................................. 137
دن 26 | خدا کی صاف سننا.. 141
دن 27 | چلنا اور خدا کے ساتھ کام کرنا..................................... 144
دن 28 | منافقت سے بالاتر زندگی گزارنا..................................... 147
دن 29 | واپسی کا فتنہ.. 150
دن 30 | "ہم بہت دور جا چکے ہیں"... 153
دن 31 | آپ کے پاس ایک اسائنمنٹ ہے-.. 156
دن 32 | 7 روزہ اسٹریٹجک ڈسپلن ری سیٹ.................................... 159
دن 33 | بیعت کا اعلان.. 163
دن 34 | اتھارٹی میں کھڑے ہیں-... 166
دن 35 | شدت سے آگے برداشت.. 169
دن 36 | تقدس بطور تحفظ... 172
دن 37 | آپ کی برداشت کیا بناتی ہے-... 176
دن 38 | عوامی نظام میں پوشیدہ وفاداری-...................................... 179
دن 39 | بیعت کا عہد.. 183
دن 40 | کمشن انڈر فائر... 187
صفحہ بند ہو رہا ہے- | قارئین کے لیے ایک حتمی چارج........................ 191
کال ٹو ایکشن.. 192
دوبارہ پیدا ہونے اور مسیح کے ساتھ نئی زندگی شروع کرنے کا طریقہ......... 194
199 .... BIO مصنف

ضمیمہ 202
پادری کی آخری نعمت 206
تجویز کردہ کتابیں اور وسائل 207

ڈس کلیمر

یہ کتاب دستاویزی گواہی، وزارتی سفر، اور حضرت عیسیٰ البوبا کے روحانی تجربات کو پیش کرتی ہے جیسا کہ انٹرویوز، واعظوں اور وزارتی ریکارڈ میں عوامی طور پر شیئر کیا گیا ہے۔ جب کہ اس کی زندگی ڈرامائی مقابلوں، ظلم و ستم کی داستانوں اور مافوق الفطرت دعووں پر مشتمل ہے، لیکن یہ کام نہ تو انسان کو مانتا ہے اور نہ ہی کسی انسانی شخصیت کو سچائی کے معیار کے طور پر بلند کرتا ہے۔

صرف صحیفہ ہی ایمان اور طرز عمل کا حتمی اختیار ہے۔

جہاں کہیں بھی کوئی زندگی، وزارت کی مشق، یا ذاتی فیصلہ بائبل کی صف بندی سے کم ہو، اس اشاعت کے ذریعہ اس طرح کے انحرافات کی تائید یا جواز نہیں ہے۔ ہمارا مقصد غلطی کو بڑھانا، شخصیت کا دفاع کرنا یا ہیرو پوجا کو فروغ دینا نہیں ہے۔

یہ کام قارئین کو مسیح کی طرف اشارہ کرتا ہے — ایک آدمی کی طرف نہیں۔

اس کتاب کا زور یسوع مسیح کی وفاداری، نظم و ضبط کی پاکیزگی، کتاب کی فرمانبرداری، اور وفادار برداشت کے ذریعے تبدیلی ہے۔ خدا کے کسی بھی بندے کی زندگی صرف اس حد تک پیش کی جاتی ہے کہ یہ ہتھیار ڈالنے، استقامت، توبہ، روحانی نظم و ضبط اور عہد کی وفاداری کی عکاسی کرتی ہے۔

قارئین کی حوصلہ افزائی کی جاتی ہے کہ:

- تمام چیزوں کو کلام پاک سے جانچیں
- جو اچھا ہے اسے مضبوطی سے پکڑو • جو خدا کے کلام سے متصادم ہو اسے رد کر دیں • تمام شخصیات سے بڑھ کر مسیح کی پیروی کریں

میں نے جنت سے آگ دیکھی کا مقصد تعریف نہیں بلکہ تشکیل ہے۔

جوش نہیں بلکہ تقدیس۔

شخصیت کی بلندی نہیں بلکہ مسیح پر مبنی تبدیلی۔

جنت اس شخص پر خوش ہوتی ہے جو توبہ کرتا ہے اور ایمانداری سے چلتا ہے۔
.وہ ایک تم ہو

صحیفہ نوٹس

جب تک کہ دوسری صورت میں اشارہ نہ کیا گیا ہو، صحیفے کے حوالہ جات عام طور پر استعمال ہونے والے انگریزی تراجم سے لیے گئے ہیں۔ واضح اور عقیدت مند توجہ کے لیے جگہوں پر زور دیا گیا ہے۔

پرنٹنگ کی معلومات

ریاستہائے متحدہ امریکہ میں مطبوعہ

پہلا ایڈیشن

کتاب کے بارے میں ۔ میں نے آسمان سے آگ دیکھی۔

جہاد سے عیسیٰ تک ۔ آگ کے نیچے بیعت

زندہ خطوط – 40 روزہ عقیدتی سلسلہ | کتاب 3

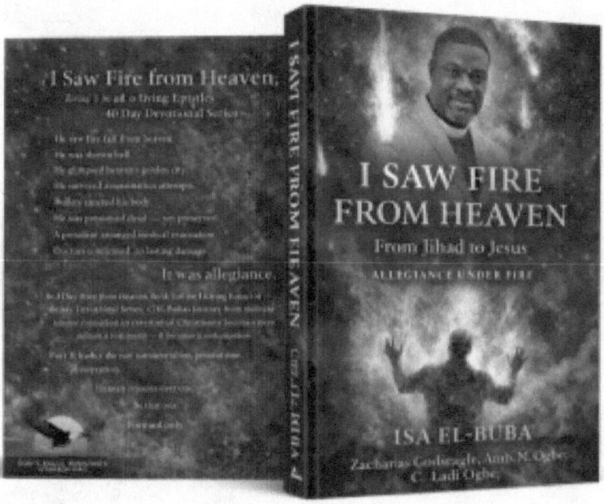

جب آسمان سے آگ گرتی ہے تو کیا ہوتا ہے — اور صرف ایک دل توبہ کرتا ہے؟

یہ زندہ خطوط کی کتاب 3 ہے - 40 دن کی عقیدتی سیریز ، ایک تبدیلی کا مجموعہ ہے جو جذبات کو متاثر کرنے کے لیے نہیں، بلکہ نظم و ضبط کے ساتھ، عہد کے ماننے والوں کی تشکیل کے لیے ڈیزائن کیا گیا ہے۔

سخت اسلامی تشکیل میں پیدا ہوا اور قابل احترام مذہبی اتھارٹی کے تحت تربیت یافتہ، **حضرت عیسیٰ البوبا کی** زندگی نظم و ضبط، یقین اور وراثت میں ملی تھی۔ اس کے سرپرست نے اسے گہرائی سے سکھایا - بشمول روحانی مشقیں اور شدید عقیدت۔

پھر سب کچھ رک گیا۔

اس نے اپنے سرپرست کو آسمان سے آگ لگاتے دیکھا۔

اسے جہنم دکھایا گیا۔ اس نے جنت دیکھی - ابدی وزن کا ایک سنہرا شہر۔ وہ قاتلانہ حملے میں بچ گیا۔ گولیاں اس کے جسم میں داخل ہوئیں۔ دھات اس کی کھوپڑی میں لگی۔ اسے مردہ سمجھا گیا - پھر بھی محفوظ رکھا گیا۔ ایک صدر نے طبی انخلاء کا انتظام کیا۔ ڈاکٹروں نے تصدیق کی: کوئی دیرپا نقصان نہیں ہوا۔

لیکن سب سے بڑی جنگ جسمانی نہیں تھی۔

یہ بیعت تھی۔

منافقت سے مایوسی نے اسے تقریباً پیچھے کھینچ لیا — یہاں تک کہ ایک فیصلہ کن تصادم نے سب کچھ بدل دیا:

"ہم بہت دور جا چکے ہیں۔ واپس جانے میں بہت دیر ہو چکی ہے۔"

یہ صرف ایک گواہی نہیں ہے۔

یہ تشکیل کا سفر ہے۔

40 دن کے اسٹریٹجک نظم و ضبط کے راستے کے طور پر تشکیل دی گئی، یہ کتاب قارئین کی رہنمائی کرتی ہے:

- خصوصی بیعت طے کرنا
- روحانی ڈھانچے کی تعمیر نو
- منافقت کا مقابلہ کرنا
- ظلم و ستم برداشت کرنا
- تقدس کی حفاظت کرنا
- منقسم ماحول میں حکمت عملی کے ساتھ رہنا
- سگ ماہی کا عہد
- الٰہی ذمہ داری کو قبول کرنا

حصہ اول آگ، ایذا رسانی، تحفظ اور کمیشن کی داستان پیش کرتا ہے۔

حصہ II آپ کو 40 دن کے نظم و ضبط والے تبدیلی کے عمل کے ذریعے رہنمائی کرتا ہے تاکہ آپ صرف کہانی کو نہ پڑھیں — آپ تبدیلی کو جیتے ہیں۔

یہ کتاب اسلام کا مذاق نہیں اڑاتی۔

یہ تشدد کی تعریف نہیں کرتا۔ یہ تجربے کو سنسنی خیز نہیں بناتا۔

یہ مومنوں کو سنجیدہ، منظم عیسائیت کی طرف بلاتا ہے۔

جنت کثیر تعداد کی پیمائش نہیں کرتا۔

جنت ایک پر خوش ہوتی ہے۔
وہ ایک ہو۔
صرف فارورڈ کریں۔

یہ کتاب کس کے لیے ہے؟

یہ کتاب ان کے لیے لکھی گئی ہے:

مسیحی مومنین جو گہرے نظم و ضبط، مستند ایمان، اور ایک ایسی زندگی کے خواہشمند ہیں جو کارکردگی سے بالاتر کلام کی عکاسی کرتی ہے۔

مسلم پس منظر کے قارئین جو روحانی مقابلوں، یقین اور وفاداری کی دیانتدارانہ تلاش کے خواہاں ہیں۔

بین المذاہب سامعین یقین، تبدیلی، اور مذہبی تبدیلی کی سچی کہانیوں میں دلچسپی رکھتے ہیں۔

روحانی تشکیل کے متلاشی جو منظم ترقی، روزمرہ کے نظم و ضبط اور عملی اطاعت کے خواہاں ہیں۔

وہ لوگ جو معنی کی تلاش کر رہے ہیں — جو وراثت میں ملنے والے عقیدے، اندرونی تنازعات، یا غیر جوابی روحانی سوالات کا وزن محسوس کرتے ہیں۔

اگر آپ نے کبھی وفاداری، شناخت، یقین، یا مقصد کے ساتھ کشتی لڑی ہے، تو یہ کتاب براہ راست آپ سے بات کرتی ہے۔

یہ محض ایک تبدیلی کی کہانی نہیں ہے۔
یہ بیعت کا سفر ہے۔
اور یہ ایک سوال پوچھتا ہے:
آپ کا تعلق کس سے ہے؟

زندہ خطوط - 40 دن کی عقیدتی سیریز

The Living Epistles سیریز صرف الہام کے لیے نہیں لکھی گئی ہے۔
یہ تشکیل کے لیے لکھا گیا ہے۔

ہر نسل میں، ایسے مومن موجود ہیں جو خلوص نیت سے خدا سے محبت کرتے ہیں — لیکن ساخت کی کمی ہے۔ نظم و ضبط کے بغیر جذبہ ختم ہوجاتا ہے۔ برداشت کے بغیر تجربہ ختم ہو جاتا ہے۔ عہد کے بہاؤ کے بغیر بیعت۔

یہ سلسلہ اسی کمزوری کا مقابلہ کرنے کے لیے بنایا گیا ہے۔

زندہ خطوط کے مجموعہ میں ہر کتاب دو حصوں کی ساخت کی پیروی کرتی ہے:

آزمائشی وفاداری کی ایک حقیقی داستان - I حصہ

ایک حقیقی زندگی کا بیان جہاں ایمان کو چیلنج کیا جاتا ہے، سامنا کیا جاتا ہے، پاکیزگی اور دباؤ میں ثابت کیا جاتا ہے۔

دن کا اسٹریٹجک تشکیل کا سفر 40 - II حصہ

منظم عقیدت، عکاسی، توبہ، دعا، نظم و ضبط، اور ایکٹیویشن کا ایک ہدایت یافتہ راستہ — جو تعریف کے بجائے تبدیلی پیدا کرنے کے لیے ڈیزائن کیا گیا ہے۔

یہ غیر معمولی عیسائیت نہیں ہے۔

یہ ساختی بیعت ہے۔

ہر جلد روحانی تشکیل کی ایک مختلف جہت سے خطاب کرتی ہے:

- طے شدہ شناخت
- آگ کے نیچے برداشت
- حفاظت کے طور پر تقدس
- اسٹریٹجک اثر و رسوخ
- عہد کا عہد
- کمیشن اور میراث

مقصد آسان ہے:

ایسے مومن پیدا کرنے کے لیے جو محض سننے والے ہی نہیں بلکہ زندہ خطوط ہیں۔

السلام علیکم!

زکریا گوڈسیگل ؛ Amb MO Ogbe ; سی لاڈی اوگبے

خدا کی عقاب وزارتیں۔

https://www.otakada.org

ambassador@otakada.org

پیپر بیک کور بلرب

اس نے آسمان سے آگ کو گرتے دیکھا...

سخت اسلامی تشکیل میں پیدا ہوئے اور قابل احترام مذہبی اتھارٹی کے تحت تربیت یافتہ، **حضرت عیسیٰ البوبا کی** زندگی نظم و ضبط، یقین اور وراثت میں ملی۔ اس کے سرپرست نے اسے گہرائی سے سکھایا - بشمول روحانی مشقیں اور شدید عقیدت۔

پھر سب کچھ رک گیا۔

اس نے اپنے سرپرست کو آسمان سے آگ لگاتے دیکھا۔

اسے جہنم دکھایا گیا۔

اس نے جنت کے سنہری شہر کی جھلک دیکھی۔ وہ قاتلانہ حملے میں بچ گیا۔ گولیاں اس کے جسم میں داخل ہوئیں۔ اسے مردہ تصور کیا گیا — ابھی تک محفوظ ہے۔ ایک صدر نے طبی انخلاء کا انتظام کیا۔ ڈاکٹروں نے تصدیق کی: کوئی دیرپا نقصان نہیں ہوا۔

لیکن سب سے بڑی جنگ جسمانی نہیں تھی۔

یہ بیعت تھی۔

I Saw Fire from Heaven میں ، زندہ خطوط کی کتاب 3 - **40 دن کی عقیدتی سیریز** ، عیسیٰ البوبا کا عسکریت پسند اسلامی تشکیل سے عہد مسیحیت تک کا سفر ایک گواہی سے زیادہ نہیں بنتا ہے - یہ ایک تصادم بن جاتا ہے۔

حصہ اول آگ، ایذا رسانی اور تحفظ کی خام داستان پیش کرتا ہے۔

حصہ II آپ کو 40 دن کے منظم تشکیلی سفر کے ذریعے لے جاتا ہے جو نظم و ضبط، مقدس، پائیدار ایمان پیدا کرنے کے لیے ڈیزائن کیا گیا ہے۔

جنت ایک پر خوش ہوتی ہے۔

وہ ایک ہو۔

صرف فارورڈ کریں۔

لگن

عیسائی قارئین کے لیے
مسلم پس منظر کے قارئین کے لیے
بین المذاہب سامعین کے لیے
روحانی تشکیل کے قارئین کے لیے
مطلب کی تلاش میں کھو جانے والوں کے لیے
ان لوگوں کے لئے جو بیعت کا انتخاب کرتے ہیں جب اس کی قیمت ہوتی ہے۔
ان ماؤں کو جو دباؤ میں خاموشی سے دعا کرتی ہیں۔
ان مومنوں کے لیے جو تالیوں کے بغیر برداشت کرتے ہیں۔
اس کے لیے جو اکیلا کھڑا ہے جب آسمان حرکت کرتا ہے۔
تیرا عہد قائم رہے۔

اعترافات

یہ کام زندہ گواہی، دستاویزی انٹرویوز، عوامی واعظوں، اور نظم و ضبط سے متعلق مذہبی عکاسی پر مبنی ہے۔ یہ حضرت عیسیٰ البوبا کے ذریعے شیئر کیے گئے ذاتی اکاؤنٹس سے اخذ کیا گیا ہے، خاص طور پر **پریئر اسٹورم ٹی وی** کی طرف سے منعقد اور جاری کردہ ریکارڈ شدہ انٹرویو ، یہاں دستیاب ہے:

https://youtu.be/2oo8tvizyZA

دعا کا طوفان عبادت، نماز اور روزے کی ایک تحریک ہے جو دعا کرنے والے جنگجوؤں کی فوج کو اٹھا کر روحانی بیداری کو بھڑکانے کے لیے موجود ہے۔ الہی ملاقاتوں پر مرکوز اجتماعات کے ذریعے، دعا کا طوفان مومنوں کو جوش، نظم و ضبط اور حکمت عملی کی شفاعت میں بڑھنے کے لیے لیس کرتا ہے۔

ویب سائٹ: http://www.prayerstorm.org [1]

ٹوئٹر: @PrayerStormUKInstagram: @PrayerStormFacebook: http://www.facebook.com/prayerstorm

ہم PrayerStormTV کو گواہی کو ایک ایسی شکل میں محفوظ کرنے اور نشر کرنے کے لیے تسلیم کرتے ہیں جو عالمی سطح پر ہزاروں تک پہنچ چکی ہے، اور اس کتاب میں پائے جانے والے بہت سے بیانیہ عناصر کے لیے دستاویزی حوالہ فراہم کرنے کے لیے۔

دیگر آن لائن اور وزارت کے ذرائع سے اضافی شکریہ ادا کیا جاتا ہے جہاں گواہی کے حصوں کو ریکارڈ کیا گیا، دوبارہ ترتیب دیا گیا اور عوامی طور پر ترمیم کے لیے شیئر کیا گیا۔

ہم پہچانتے ہیں:

- خاندان کے افراد جن کی زندگیاں منقسم مذہبی خطوط پر تناؤ اور فضل دونوں کی عکاسی کرتی ہیں۔
- ایک ماں جس کی دعائیہ زندگی نے محاذ آرائی شروع ہونے سے پہلے ہی ماحول کو بدل دیا۔
- ایک بڑا بھائی جس کا سامنا خطرے میں تھا گھر کی روحانی سمت بدل گئی۔

1. http://www.prayerstorm.org

ایک باپ جس کی اندرونی جدوجہد روایت کے اندر یقین کی خاموش جنگ کی • نمائندگی کرتی ہے۔ • وفادار رہنما اور ساتھی جو ظلم و ستم اور تحفظ کے ذریعے ثابت قدم رہے۔ - https://www.ebomi.org

یہ کام کسی شخصیت کو سربلند کرنے کی کوشش نہیں کرتا بلکہ بیعت کے سفر کو دستاویزی شکل دینا ہے۔ یہاں شامل ہر گواہی قارئین کی خدمت میں پیش کی جاتی ہے جو مسیح کی طرف اشارہ کرتے ہیں — انسان کی طرف نہیں۔

اور آخر میں، ان قارئین کا شکریہ ادا کیا جاتا ہے جو تعریف سے آگے بڑھ کر تشکیل میں جانے کو تیار ہیں۔ تقدیس میں تجسس سے پرے؛ نظم و ضبط کی اطاعت میں الہام سے آگے۔

جواب دینے والے پر جنت خوش ہوتی ہے۔
وہ ایک تم ہو.

پبلشر کا اعتراف

یہ جلد **زندہ خطوط کے حصے کے طور پر شائع کی گئی ہے - 40 دن کی عقیدتی سیریز** ، ایک شاگردی اقدام جو ایسے مومنوں کی تشکیل کے لیے وقف ہے جن کے ایمان کا نہ صرف اعتراف کیا گیا ہے بلکہ مجسم بھی ہے۔

یہ سلسلہ **سینٹ آگسٹین آف ہپو (AD 430–354) سے شروع ہوا: ایک بے چین دل سے ایک تحریری زندگی تک** ، جس میں آگسٹین کے اندرونی انتشار سے ہتھیار ڈالنے کی اطاعت تک کے سفر کا پتہ چلتا ہے۔ اس پہلی جلد نے اس کام کا مرکزی یقین قائم کیا: کہ خُدا اپنی سچائی کو حاصل شدہ زندگیوں کے ذریعے لکھتا رہتا ہے، اور یہ کہ وفادار مردوں اور عورتوں کی شہادتیں آج بھی کلیسیا کے لیے زندہ ہدایات ہیں۔

Living Epistles سیریز کی پہلی جلد یہاں دستیاب ہے:

https://www.amazon.com/ST-AUGUSTINE-HIPPO-354-430-Devotional-ebook/dp/B0GJN8N9XS

صرف عیسائیت، مکمل طور پر زندہ سی ایس لیوس کی زندگی اور فکر کی طرف رجوع کر کے اس وژن کو جاری رکھتی ہے ، جس کی ہچکچاہٹ کی تبدیلی اور نظم و ضبط والا عقیدہ جدید ذہن سے طاقتور بات کرتا ہے۔ جہاں آگسٹین نے بے چین دل کا انکشاف کیا، لیوس مزاحمتی مرضی کا سامنا کرتا ہے — ایمان والوں کو یقین سے بالاتر ہو کر روزانہ کی اطاعت میں بلاتا ہے۔

سی ایس لیوس (1898-1963) -میری عیسائیت، مکمل طور پر زندہ: ایک ہچکچاہٹ کا شکار دماغ سے تبدیل شدہ زندگی تک (زندہ خط - 40 دن کی عقیدتی سیریز | کتاب کی کتاب 2)

ای بک

https://www.amazon.com/Lewis-1898-1963-Mere-Christianity-Fully-ebook/dp/B0GKQ27F9N

پیپر بیک

https://www.amazon.com/Lewis-1898-1963-Mere-Christianity-Fully/dp/B0GM8YMXC3

ہارڈ کور

https://www.amazon.com/Lewis-1898-1963-Mere-Christianity-Fully/dp/B0GM8WHXJL

Living Epistles **GODSEAGLE MINISTRIES** سیریز کو ایک واضح مینڈیٹ کے ساتھ شائع کرتی ہے: صحیفہ پر مبنی وسائل کو سنبھالنے کے لیے جو قوموں کو شاگرد بناتے ہیں، کلیسیا کو مضبوط کرتے ہیں، اور مومنین کو مسیح کے سفیر کے طور پر ظاہری طور پر زندگی گزارنے کے لیے تیار کرتے ہیں۔ ہم یقین رکھتے ہیں کہ ایمان صرف خیالات سے قائم نہیں رہتا، بلکہ سچائی کے ذریعے تشکیل پانے والی زندگیوں سے، اطاعت کے ذریعے آزمایا جاتا ہے، اور خُدا کی روح سے بااختیار ہوتا ہے۔

اس سلسلے کی ہر جلد کو دعا کے ساتھ پیش کیا جاتا ہے، اس امید کے ساتھ کہ قارئین محض ماضی سے سبق حاصل نہیں کریں گے، بلکہ حال میں جواب دیں گے۔ خدا کو اپنے مقاصد کے لیے سر تسلیم خم کرنے والی عام زندگیوں کے ذریعے اپنے زندہ خطوط لکھنا جاری رکھنے کی اجازت دے گی۔

ہم ہر اس قاری کے مشکور ہیں جو اس سفر میں داخل ہوتا ہے، اس بات پر بھروسہ کرتے ہوئے کہ وہی خدا جس نے آگسٹین اور لیوس کو تبدیل کیا آج بھی کام کر رہا ہے۔

قارئین اور ناظرین کے جوابات

"یہ صرف ایک گواہی نہیں ہے - یہ چرچ کو جاگنے کی کال ہے۔ یہ لوگوں پر حملہ کیے بغیر کمزوری کو ظاہر کرتی ہے۔"

"میں نے کبھی کسی سابق جہادی کو تقدس اور ساخت کے بارے میں اتنی وضاحت اور نظم و ضبط کے ساتھ بات کرتے نہیں سنا۔ اس نے میری غیر معمولی عیسائیت کو چیلنج کیا۔"

"جس چیز نے مجھے سب سے زیادہ متاثر کیا وہ آگ نہیں تھی - یہ اس کی ایمانداری تھی جس میں منافقت کی وجہ سے تقریباً واپسی ہوئی تھی۔ شفافیت کی یہ سطح نایاب ہے۔"

"اس کہانی نے مجھے اپنی وابستگی کی سطح پر سوالیہ نشان بنا دیا ہے۔ ہم کہتے ہیں کہ ہم سنجیدہ ہیں، لیکن کیا ہم نظم و ضبط کے پابند ہیں؟"

"حقیقت یہ ہے کہ وہ اب بھی ایسی کمیونٹیز کی خدمت کرتا ہے جہاں سب سے زیادہ فائدہ اٹھانے والے مسلمان ہیں، پختگی کو ظاہر کرتا ہے، نہ کہ تلخی۔"

"جب اس نے گولی لگنے اور کھڑے ہونے کا بیان کیا، تو میں نے محسوس کیا کہ تحفظ کی ذمہ داری ہوتی ہے۔ زندہ رہنا سکون کا بہانہ نہیں ہے۔"

"جنت کو دیکھنے اور پھر بھی فوری طور پر ہتھیار ڈالنے کے بارے میں حصہ سنجیدہ نہیں تھا۔ صرف وحی آپ کو تبدیل نہیں کرتی ہے۔"

"40 دن کی تشکیل کا ڈھانچہ اس کو مختلف بناتا ہے۔ یہ آپ کو متاثر نہیں چھوڑتا ۔ اسے جواب کی ضرورت ہوتی ہے۔"

"یہ اسلام سے تبدیلی کے سب سے متوازن اکاؤنٹس میں سے ایک ہے جس کا میں نے سامنا کیا ہے۔ یہ مضبوط ہے، لیکن نفرت انگیز نہیں۔"
"جنت ایک سے خوش ہوتی ہے ۔ صرف اس لائن نے وزارت کی کامیابی کو میں کس طرح دیکھتا ہوں اس کو تبدیل کر دیا ہے۔"

"اس کتاب میں وزن ہے۔ یہ تشدد کو سنسنی خیز یا مبالغہ آمیز تجربہ نہیں کرتی۔ یہ سنجیدہ، نظم و ضبط پر مبنی ایمان کا مطالبہ کرتی ہے۔"

"مجھے ایک ڈرامائی تبدیلی کی کہانی کی توقع تھی۔ جو کچھ مجھے ملا وہ عہد اور تقدس کی دعوت تھی۔"

"نظم و ضبط پر زور نے مجھے معجزات سے زیادہ چیلنج کیا۔ ساخت ایمان کو برقرار رکھتی ہے۔"

"یہ دفاعی بنے بغیر منافقت کا مقابلہ کرتا ہے۔ یہ ایمانداری اسے قابل اعتماد بناتی ہے۔"
"یہ ہجوم کو اکسانے کے لیے نہیں لکھا گیا بلکہ یہ مومنوں کی تعمیر کے لیے لکھا گیا ہے۔"

پیش لفظ

یہ کتاب آپ کو متاثر کرنے کے لیے نہیں لکھی گئی ہے۔

آپ کا سامنا کرنے کے لیے لکھا ہے۔

آپ جو کہانی پڑھنے والے ہیں اس میں آگ، خون، ظلم و ستم، نظارے، قومی مداخلت، روحانی ملاقاتیں اور الٰہی تحفظ شامل ہیں۔ اس میں منقسم گھرانے کا تناؤ، دعا کرنے والی ماں کی ہمت، ایک باپ کی خاموش کشمکش، بھائی کی موت کے قریب، اور ایک جنگجو کے دل کا ڈرامائی موڑ شامل ہے۔

لیکن یہ معجزات کا کوئی سنسنی خیز ریکارڈ نہیں ہے۔

یہ بیعت کا مطالعہ ہے۔

بہت سے لوگ تبدیلی کی کہانیوں سے متوجہ ہوتے ہیں۔ دوسرے مافوق الفطرت تجربات سے دلچسپی رکھتے ہیں۔ کچھ ظلم و ستم کی داستانوں سے متاثر ہوتے ہیں۔ لیکن توجہ تبدیلی کے برابر نہیں ہے۔ جذبات برداشت کے برابر نہیں ہیں۔ تصادم خود بخود اطاعت پیدا نہیں کرتا۔

یہ کام احتیاط سے اور جان بوجھ کر لکھا گیا تھا تاکہ بغیر تشکیل کے جوش و خروش سے بچا جا سکے۔

پہلا حصہ بیانیہ پیش کرتا ہے — دستاویزی انٹرویوز، واعظوں، اور عوامی طور پر دستیاب شہادتوں سے اخذ کیا گیا ہے۔ تفصیلات کسی آدمی کی بڑائی کے لیے نہیں بلکہ یہ دکھانے کے لیے محفوظ کی گئی ہیں کہ جب سزا وحی کے ساتھ ٹکراتی ہے تو کیا ہوتا ہے۔

دوسرا حصہ فراہم کرتا ہے جس کی زیادہ تر شہادتوں میں کمی ہے: ساخت۔

نظم و ضبط روحانی تشکیل کے چالیس دن۔ نظریہ نہیں۔ مبہم عکاسی نہیں۔ ساختی مصروفیت۔ پرانے اور نئے عہد نامے سے صحیفہ۔ اسباق۔ سوالات۔ دعا۔ اعلامیہ۔ ایکشن۔

یہ جان بوجھ کر ہے۔

کیونکہ کہانیاں آپ کو ہلا سکتی ہیں۔ لیکن ساخت آپ کو برقرار رکھتی ہے۔

آسمان سے آگ گرنے، سرپرست کے مارے جانے، گولیوں کا بغیر کسی جانی نقصان کے گوشت میں داخل ہونے، صدارتی ریسکیو، اور بغیر کسی چوٹ کے طبی

تصدیق - یہ دلیل یا سنسنی خیزی کو بھڑکانے کے لیے پیش نہیں کیے گئے ہیں۔ وہ ریکارڈ کیے گئے ہیں کیونکہ وہ دستاویزی گواہی کا حصہ ہیں۔

اس کے باوجود مرکزی جنگ کبھی بھی بقا کے بارے میں نہیں تھی۔

بات بیعت کی تھی۔

وراثت میں ملے ایمان کی بیعت۔

روایت کی بیعت، یقین کی بیعت، مسیح کی بیعت۔

اس کتاب کا مرکز ایک سوال ہے جس سے گریز نہیں کیا جا سکتا:

جب وحی وراثت کا مقابلہ کرتی ہے - آپ کیا کرتے ہیں؟

یہ کام اپنے مضمون کے لیے کمال کا دعویٰ نہیں کرتا۔ یہ تجربہ کو کینونائز نہیں کرتا ہے۔ کلام آخری اختیار رہتا ہے۔ جہاں کوئی بھی انسانی زندگی بائبل کی صف بندی سے کم ہوتی ہے، وہاں کلام اعلیٰ کھڑا ہوتا ہے۔

اس کتاب کا مقصد واحد ہے:

قارئین کو مسیح کی طرف اشارہ کرنے کے لیے — اور انھیں نظم و ضبط کے ساتھ، عہد کی اطاعت میں بلانے کے لیے۔

توبہ کرنے والے پر جنت خوش ہوتی ہے۔

زیادہ ہجوم تماشے سے متاثر نہیں۔

اگر ایک قاری بھی ان صفحات سے پختہ یقین، گہرے تقدس، زیادہ نظم و ضبط اور یسوع مسیح کے لیے اٹل وفاداری کے ساتھ نکلتا ہے — تو اس کام نے اپنی ذمہ داری پوری کر دی ہے۔

غور سے پڑھیں۔

ایمانداری سے غور کریں۔

جان بوجھ کر جواب دیں۔

صرف فارورڈ کریں۔

PROLOGUE

رات کی آگ گر گئی۔

گھر میں خاموشی نہیں تھی۔
حکم دیا گیا تھا۔

اس گھر میں مذہب کوئی معمولی بات نہیں تھی۔
یہ ڈھانچہ تھا، اختیار تھا، یہ وراثت تھی جو بغیر کسی بات چیت کے باپ سے بیٹے کو منتقل ہوتی تھی۔

باپ نرم مزاج آدمی نہیں تھا۔
وہ نظم و ضبط کا پابند تھا، متقی، عین مطابق، یقین اور فوجی سختی سے بنا ہوا آدمی۔

اسی گھر کے اندر، کچھ پہلے ہی شفٹ ہو چکا تھا۔
خاموشی سے۔
ماں ایک لکیر کراس کر چکی تھی۔

کوئی اعلان نہیں۔
کوئی بغاوت نہیں۔ کوئی عوامی وقفہ نہیں۔
وہ پھر بھی پکاتی تھی۔
پھر بھی خدمت کی، پھر بھی اپنے شوہر کی عزت کی۔ اب بھی ایک ہی چھت کے نیچے رہتی تھی۔

لیکن اس کی وفاداری بدل گئی تھی۔
اور جب بیعت بدل جاتی ہے تو ماحول بدل جاتا ہے - چاہے کوئی نہ بولے۔
کچھ ہی دیر میں بڑا بیٹا سوال کرنے لگا۔

ایمان اب وراثت میں نہیں ملا تھا۔
اس کا جائزہ لیا گیا۔

باپ نے اعلان ہونے سے پہلے ہی اسے محسوس کیا۔
جب شناخت کو خطرہ لاحق ہو تو سزا کو دھوکہ دہی کا احساس ہوتا ہے۔
اور ایک دن کشیدگی تشدد کی طرف بڑھ گئی۔
ایک تلوار اٹھا لی گئی۔

علامتی نہیں۔
سٹیل
اپنے ہی بیٹے کو مارنے کے لیے اٹھایا۔
لیکن بلیڈ کے نیچے آنے سے پہلے، بیٹا اب وہ نہیں تھا جہاں اس کا مقصد تھا۔
وہ بعد میں بتائے گا کہ وہ جسمانی طور پر منتقل ہو گیا تھا۔ اس پوزیشن سے کسی اور قریبی مقام پر لے جایا گیا تھا۔
تلوار اتر آئی۔
لیکن اس پر نہیں۔
وراثت میں خلل پڑا تھا۔
پھر بھی یہ صرف شروعات تھی۔
ایک مرشد تھا۔
ایک امام۔
قابل احترام قابل اعتماد تشکیل دینے والا۔
وہ شخص جس نے نظم و ضبط کی تشکیل کی، عقیدت کی تربیت کی، اور اسے گہرے روحانی طریقوں میں شروع کیا۔ بشمول روحانی طاقت کا علم اور پوشیدہ رسم۔
اس سرپرست سے وفاداری معمولی نہیں تھی۔
یہ بچپن میں بنی تھی۔
اور پھر تصادم آیا۔
بعد میں وہ اسے واضح طور پر بیان کرے گا:
''میں نے آسمان سے آگ دیکھی۔''
استعارہ نہیں۔
آگ
امام کو مارا گیا۔

اس کے آس پاس والوں نے سوجے ہوئے زخم دیکھے۔
اس نے رکاوٹ کو دیکھا۔
کچھ نے چوٹ دیکھی۔
اس نے نمائش دیکھی۔

جنت تماشے کے لیے نہیں ہلتی۔
یہ درستگی کے لیے حرکت کرتا ہے۔
وہ آگ بھیڑ کے لیے نہیں تھی۔
یہ ایک کے لیے تھا۔
بعد میں، میدوگوری میں، ایک اور انکاؤنٹر ہوا.
اسے جہنم دکھایا گیا۔
اس نے چہروں کو پہچان لیا — اجنبی نہیں۔
اساتذہ۔

پھر اسے جنت دکھائی گئی۔

ترتیب کا شہر۔
خوبصورتی.روشنی.سونا.

وہ ہڑبڑا کر واپس آیا۔
لیکن وحی نے فوری طور پر ہتھیار ڈالنے کو جنم نہیں دیا۔
دیکھنے سے نتیجہ برآمد نہیں ہوتا۔
برسوں بعد گولیاں اس کے جسم میں داخل ہوتیں۔
دھات اس کی کھوپڑی سے ٹکرائے گی۔
اس کے سر سے خون بہے گا۔
اسے ایک گاڑی میں لے جایا جائے گا جیسا کہ سمجھا جاتا ہے کہ ایک مردہ ہے۔
لیکن وہ پھر اٹھے گا۔
اسکارٹس اسے گھیر لیتے۔
ایک صدر مداخلت کرے گا۔
ایک غیر ملکی ملک میں طبی ماہرین اس بات کی تصدیق کریں گے کہ کیا منطق کی خلاف ورزی ہے:

زندہ
برقرار۔کوئی ساختی نقصان نہیں۔
پھر بھی اس کے ایمان کے لیے سب سے بڑا خطرہ آگ نہیں ہوگا۔
نہ جہنم، نہ جنت، نہ گولیاں۔

یہ منافقت ہوگی۔
اور واپسی کی سرگوشی۔
یہاں تک کہ ایک رات ہوٹل کے کمرے میں، جب اس نے دروازہ کھولا — اور اسے دیکھا جس کا اس نے پیچھا کیا تھا۔
ہم بہت آگے جا چکے ہیں،" آواز نے کہا۔"
"واپس جانے میں بہت دیر ہو چکی ہے۔"

یہ تماشے کی کہانی نہیں ہے۔
یہ بیعت کے بارے میں ہے۔
اور یہ کتاب ختم ہونے سے پہلے آپ کو اسی سوال کا سامنا کرنا پڑے گا:
جب آگ گرتی ہے ۔ کیا باقی رہتا ہے؟

تعارف

یہ آگ کے بارے میں ایک کہانی نہیں ہے۔

یہ کتاب آگ کے بارے میں نہیں ہے۔
یہ گولیوں، نظاروں، سیاسی مداخلت، یا ڈرامائی بقا کے بارے میں نہیں ہے۔
وہ واقعات ہوئے۔
وہ دستاویزی ہیں۔ ان کی گواہی دی جاتی ہے۔

لیکن وہ مرکز نہیں ہیں۔
مرکز بیعت ہے۔
بہت سے لوگ غیر معمولی عناصر کی وجہ سے اس کتاب سے رجوع کریں گے ۔ آگ گرنا، جنت اور جہنم کا سامنا، قتل کی کوششیں، صدارتی بچاؤ۔ یہ تفصیلات توجہ حاصل کرتی ہیں۔ وہ معمول کی سوچ میں خلل ڈالتے ہیں۔ وہ مفروضوں کا مقابلہ کرتے ہیں۔
لیکن تماشا تبدیلی کو برقرار نہیں رکھتا۔
بیعت کرتا ہے۔
یہ اس بارے میں ایک کتاب ہے کہ جب وراثت میں ملنے والی سزا کا انکشاف سچائی سے سامنا ہوتا ہے تو کیا ہوتا ہے۔ یہ اس کے بارے میں ہے کہ جب ڈھانچہ انکاؤنٹر سے ٹکرا جاتا ہے تو کیا ہوتا ہے۔ یہ اس کے بارے میں ہے کہ جب سسٹمز ہل جاتے ہیں اور شناخت کی جانچ کی جاتی ہے تو کیا باقی رہتا ہے۔
یہ آگ کے نیچے بیعت کے بارے میں ہے۔

وراثت اور رکاوٹ

کچھ لوگ مذہب کے وارث ہوتے ہیں جس طرح دوسرے لوگ زمین کے وارث ہوتے ہیں۔

یہ پیدائش کے وقت دیا جاتا ہے۔
یہ ماحول کے ذریعہ نافذ کیا جاتا ہے؛ اسے ثقافت سے تقویت ملتی ہے۔
ایسے ماحول میں ایمان کی جانچ نہیں کی جاتی بلکہ جذب ہو جاتی ہے۔
نظم و ضبط عقیدت بن جاتا ہے۔
روٹین صداقت بن جاتی ہے، ساخت شناخت بن جاتی ہے۔
اور جب کوئی شفٹ ہوتا ہے تو یہ معمولی نہیں ہوتا۔

یہ زلزلہ ہے۔
یہ کتاب اس زلزلہ کی تبدیلی کا پتہ دیتی ہے۔
ایک ماں جس کی وفاداری خاموشی سے لیکن فیصلہ کن طور پر بدل گئی۔
ایک بھائی جس کی جان تلوار کی دھار تلے بچ گئی، ایک باپ جس کی دنیا ٹوٹنے لگی، ایک مرشد ایسا ہوا جس کی وضاحت نہیں ہو سکتی۔
لیکن ایک بار پھر - یہ حیرت کو بھڑکانے کے لئے پیش نہیں کیے گئے ہیں۔
انہیں یہ ظاہر کرنے کے لیے پیش کیا جاتا ہے کہ سچائی اصلاح کرنے سے پہلے اکثر خلل ڈالتی ہے۔
آگ ثبوت نہیں ہے۔
کلام پاک میں، آگ اکثر ظاہر ہوتی ہے۔
یہ ایلیاہ کی قربان گاہ پر گرا۔
اس نے نداب اور ابیہو کو کھایا۔ یہ پینٹی کوسٹ کے ساتھ تھا۔
لیکن آگ کبھی بھی پیغام نہیں ہے۔
یہ تصدیق ہے۔
اس داستان میں آگ یقین کے نظام میں خلل ڈالتی ہے۔ یہ بیعت کو ظاہر کرتا ہے۔ یہ ایک اہم موڑ کی نشاندہی کرتا ہے۔ لیکن اس سے سفر مکمل نہیں ہوتا۔
صرف وحی ہی اطاعت پیدا نہیں کرتی۔
اس نے جنت دیکھی۔
اس نے جہنم دیکھی۔
وہ واپس آگیا۔
اور پھر بھی فوری طور پر ہتھیار نہیں ڈالے۔
کیوں؟
کیونکہ بیعت تصادم سے زبردستی نہیں ہوتی۔ یہ فیصلے سے بنتا ہے۔
عظیم جنگ
گولیوں سے کہانی ختم نہیں ہوئی۔
آگ نے اس کی تعریف نہیں کی۔
صدارتی انخلاء نے اسے محفوظ نہیں بنایا۔
سب سے بڑا خطرہ بعد میں آیا — چرچ کے اندر سے۔
منافقت۔
گنگنا عقیدت۔
نظم و ضبط کے بغیر کارکردگی۔
نامکمل کمیونٹی کو برداشت کرنے کے بجائے منظم مذہب کی طرف لوٹنے کا لالچ۔
اور یہیں سے یہ کتاب سوانح حیات سے آئینے میں بدل جاتی ہے۔
کیونکہ بہت سے لوگ وحی کی کمی کی وجہ سے سچائی کو نہیں چھوڑتے۔

وہ مایوسی کی وجہ سے چلے جاتے ہیں۔
یہ کتاب کیوں موجود ہے۔
یہ کتاب تشکیل کے لیے موجود ہے۔
سحر نہیں۔
یہ قاری کو تعریف سے آگے امتحان میں لے جانے کے لیے موجود ہے۔
حصہ اول بیانیہ پیش کرتا ہے — واضح طور پر، براہ راست، زیور کے بغیر۔ یہ وراثت، تصادم، انکاؤنٹر، ایذا رسانی، تحفظ، اور کمیشن کا سراغ لگاتا ہے۔
حصہ II ایک منظم 40 دن کا سفر فراہم کرتا ہے — کسی شخصیت کی نقل کرنے کے لیے نہیں، بلکہ مسیح کے لیے نظم و ضبط کے ساتھ وفاداری کو فروغ دینے کے لیے۔
یہ اہم ہے:
ہم قارئین کو کسی آدمی کی طرف اشارہ نہیں کر رہے ہیں۔
ہم قارئین کو مسیح کی طرف اشارہ کر رہے ہیں۔
یہاں دستاویزی زندگی کیس اسٹڈی کے طور پر کام کرتی ہے، ٹیمپلیٹ نہیں۔ تمثیل، بت نہیں۔ گواہی، دینیات نہیں۔
جہاں یہ زندگی کتاب کے ساتھ مطابقت رکھتی ہے، اس سے سیکھنا ہے۔
جہاں کوئی بھی زندگی صحیفہ کو ناکام بناتی ہے، وہاں کلام آخری اختیار رہتا ہے۔
مقصد شخصیت کی وفاداری نہیں ہے۔
یہ عہد کی بیعت ہے۔
چھپے ہوئے شاگرد
پوری کتاب میں، وفاداری ہمیشہ عوامی نظر نہیں آتی تھی۔
نیکدیمس رات کو آیا۔
اریماتھیا کے جوزف نے تدفین کے وقت کام کیا۔ نعمان نے ایک غیر ملکی ہیکل میں گھٹنے ٹیک دیے جب کہ وہ باطنی طور پر رب کا وفادار تھا۔ ڈیوڈ عہد کی شناخت کو برقرار رکھتے ہوئے فلستیوں کے درمیان رہتا تھا۔
بیعت بعض اوقات بلند ہوتی ہے۔
کبھی کبھی یہ اسٹریٹجک ہوتا ہے۔
لیکن یہ حقیقی ہونا چاہیے۔
یہ بیانیہ ایک مرکزی سوال پر مجبور کرتا ہے:
آپ کی وفاداری کس چیز پر بنی ہے - وراثت، انکاؤنٹر، ثقافت، یا یقین؟
قاری کے لیے
یہ کتاب اس کے لیے ہے:
جنہیں ایمان وراثت میں ملا اور کبھی اس کی جانچ نہیں کی۔

جنہوں نے سچائی کا سامنا کیا اور ہتھیار ڈالنے میں تاخیر کی۔ وہ جو حملے سے بچ گئے لیکن مایوسی کے ساتھ جدوجہد کرنے والے۔ وہ لوگ جو منقسم گھرانوں کو چلا رہے ہیں۔ جو مذہبی نظام کے اندر منافقت کا مقابلہ کرتے ہیں۔

جنت ایک پر خوش ہوتی ہے۔

مقدار سے پہلے معیار۔

اگر آگ گر گئی اور صرف ایک نے جواب دیا ۔ جنت پھر بھی منتقل ہو گئی۔

سفر کا ڈھانچہ

حصہ اول ۔ آگ کے اندر بیعت کی کہانی

تشکیل، تصادم، ایذا رسانی، تحفظ اور کمیشن کا ایک تاریخی اور مذہبی سراغ۔

دن کا اسٹریٹجک سفر 40 - II حصہ

روزانہ بیانیہ کے اینکرز، صحیفہ (پرانا اور نیا عہد نامہ)، عکاسی، اعلان، دعا، اور عمل۔ پوشیدہ یقین سے نظم و ضبط کی برداشت تک ایک دانستہ تحریک۔

یہ غیر فعال پڑھنا نہیں ہے۔

یہ جان بوجھ کر تشکیل دینا ہے۔

حتمی واقفیت

آگے بڑھنے سے پہلے، یہ سمجھ لیں:

یہ کتاب آپ کو تفریح نہیں دے گی۔

یہ آپ کے مفروضوں کی چاپلوسی نہیں کرے گا۔

یہ تکلیف کو سنسنی خیز نہیں بنائے گا۔

یہ بیعت کا مقابلہ کرے گا۔

کیونکہ آگ، جہنم، جنت، گولیاں، منافقت اور بقا کے آخر میں ایک سوال باقی ہے:

آپ کا تعلق کس سے ہے؟

اور جب آگ گرتی ہے تو کیا رہ جاتا ہے؟

باب 1
وہ باپ جس نے ڈھانچہ بنایا

اس سے پہلے کہ گھر میں جھگڑا ہو، حکم تھا۔

تبدیلی سے پہلے، نظم و ضبط تھا۔

آسمان سے آگ آنے سے پہلے، ایک باپ کے تحت تشکیل پاتی تھی جو مانتا تھا کہ مذہب کو ترجیح نہیں دی گئی تھی - یہ حکم تھا۔

عیسیٰ کے والد دوسری جنگ عظیم کے تجربہ کار تھے۔ فوجی درستگی نے باپ بننے سے بہت پہلے اسے تشکیل دیا۔ وہ صحت سے متعلق گھر میں لے گئے. مذہب کو روزمرہ کی زندگی سے الگ نہیں کیا گیا تھا۔ اس نے اس پر حکومت کی.

پیٹرن مسلسل تھا:

دفتر سے مسجد۔

مسجد سے گھر، گھر سے مسجد۔

کوئی انحراف نہیں تھا۔ کوئی منقسم وفاداری نہیں۔ کوئی آرام دہ مشاہدہ۔

اس گھر میں اسلام ثقافتی زینت نہیں تھا۔ یہ ڈھانچہ تھا۔

بچوں کی پرورش ایک ایسے نظام کے اندر ہوئی جہاں اطاعت کی توقع اور نگرانی کی جاتی تھی۔ رمضان کے روزے جوانی میں شروع نہیں ہوتے تھے۔ عیسیٰ نے پانچ سال کی عمر میں روزہ رکھنا شروع کیا۔ پورے دن کے روزے۔ عمر کی وجہ سے کوئی رعایت نہیں۔

نماز صرف فرض تک محدود نہیں تھی۔

اس نے گواہی دی ہے کہ اس نے روزانہ تقریباً 172 نمازیں ادا کیں۔ ان میں مطلوبہ دعائیں اور اضافی رضاکارانہ تلاوتیں شامل تھیں۔ قرآنی آیات کو ہزاروں بار دہرایا گیا۔ صحیفے پر مراقبہ لفظی، تکراری اور شدید تھا۔

متن کی کوئی تشریح نہیں تھی۔

اگر قرآن کہتا ہے کہ ”انہیں جہاں پاؤ قتل کردو“، تو اسے قدر کی نگاہ سے قبول کیا گیا۔

کوئی سیاق و سباق کی ایڈجسٹمنٹ نہیں تھی۔ کوئی مذہبی نرمی نہیں۔

یہ عقیدہ نافذ تھا۔

سات یا آٹھ سال کی عمر میں، عیسیٰ نے اطلاع دی ہے کہ اس نے روحانی مظاہر کا تجربہ کرنا شروع کر دیا جسے وہ "الجن" کے مقابلے کے طور پر سمجھتا تھا۔ اس نے ایسے مخلوقات کو دیکھنے کا بیان کیا جو ہائبرڈ شکلوں میں نمودار ہوئے، کبھی جانوروں کی طرح، کبھی چمکدار۔ ان مقابلوں نے اسے خوفزدہ نہیں کیا۔ انہوں نے اس نظریے کو تقویت بخشی جسے وہ سکھایا جا رہا تھا۔

ان کا خیال تھا کہ یہ تجربات اسلام کی سچائی کی تصدیق کرتے ہیں۔

بارہ تک، تشکیل تیز ہو گئی۔

وہ شہر سے باہر منظم اسلامی عسکریت پسندوں کی تربیت میں داخل ہوا۔ اس میں جسمانی مشقیں، باکسنگ، کراٹے، ہتھیاروں کی نمائش، بقا کی مشقیں، اور گوریلا طرز کی ہدایات شامل تھیں۔ والدین نے اس تربیت کو سپورٹ اور فنڈ فراہم کیا۔ قابل احترام سمجھا جاتا تھا۔

بعد میں انہوں نے اسلامی توسیع کے لیے اسٹریٹجک منصوبہ بندی سمیت منظم اسلامی تحریکوں میں شمولیت کی وضاحت کی۔ اس نے براہ راست عیسائی مخالف جارحیت میں حصہ لینے کا اعتراف کیا ہے ۔ عیسائیوں کو مارنا، گرجا گھروں کو جلانا، بائبل کو عوامی طور پر تباہ کرنا، اور نفسیاتی دھمکیوں میں ملوث ہونا۔

یہ کوئی معمولی دشمنی نہیں تھی۔

یہ مشن تھا۔

نظم و ضبط نے نظام کی تعریف کی۔

رسم نے وفاداری کو تقویت دی۔

تکرار نے یقین پیدا کیا۔

نفرت بے ترتیب نہیں تھی؛ یہ سکھایا گیا تھا.

عیسائیت کو دشمن قرار دیا گیا۔

ڈومینین کو تقدیر کے طور پر تیار کیا گیا تھا۔

اور عیسیٰ نے اسے جذب کر لیا۔

وہ اپنے باپ کو خوش کرنا چاہتا تھا۔

وہ اپنے ایمان کا دفاع کرنا چاہتا تھا۔

وہ اس مقصد کو آگے بڑھانا چاہتا تھا جس کے بارے میں اسے یقین تھا کہ وہ الہی حکم ہے۔

جوانی میں پختگی کے وقت تک، وہ اعتقاد کی تلاش نہیں کر رہا تھا۔

وہ اسے نافذ کر رہا تھا۔

ڈھانچہ مکمل تھا۔

بیعت واضح تھی۔

سسٹم بالکل اسی طرح کام کر رہا تھا جیسا کہ ڈیزائن کیا گیا تھا۔

پھر فریکچر شروع ہوا۔

باہر سے نہیں۔

اندر سے۔
اس کی ماں نے مذہب تبدیل کر لیا۔

باب 2
وہ ماں جو تبدیل ہوئی اور باقی رہی

گھر میں پہلی تبدیلی میدان جنگ میں نہیں ہوئی تھی۔
یہ خاموشی سے ہوا۔
عیسیٰ کی والدہ نے اپنی زندگی مسیح کو دے دی جب وہ ابھی بھی سخت حکومت والے اسلامی گھر میں رہتے تھے۔
یہ ایسا ماحول نہیں تھا جہاں مذہب ثقافت کے طور پر کام کرتا ہو۔ یہ شناخت تھی۔ یہ حکم تھا۔ یہ حکم تھا۔ باپ کا اختیار اور خاندان کی اسلامی عقیدت ایک دوسرے سے جڑی ہوئی تھی۔ مسجد نے دن کا ڈھانچہ بنایا۔ قرآن نے فکر کی تشکیل کی۔ فرمانبرداری کا ساختہ رویہ۔
اور اس ڈھانچے کے اندر، ماں نے بیعت کر لی۔
اس کی تبدیلی کا اعلان پہلے عوامی طور پر نہیں کیا گیا تھا۔ یہ اندرونی طور پر شروع ہوا۔ لیکن نظم و ضبط والے مذہبی گھروں میں، اندرونی تبدیلیاں بالآخر رویے میں سامنے آتی ہیں۔
اس کی نماز کا انداز بدل گیا۔
اس کا لہجہ بدل گیا۔
عقیدت کے لمحات میں اس کی کرن بدل گئی۔
اس نے پھر بھی بیوی اور ماں کے طور پر اپنی ذمہ داریاں پوری کیں۔ وہ کھانا پیش کرتی رہی۔ وہ گھر کی دیکھ بھال کرتی رہی۔ وہ جسمانی طور پر خاندان سے دستبردار نہیں ہوئی۔ لیکن اس کی روحانی صف بندی اب پہلے جیسی نہیں رہی تھی۔
اس فرق نے تناؤ پیدا کیا۔
سختی سے ترتیب دیئے گئے گھرانوں میں، یکسانیت استحکام کو برقرار رکھتی ہے۔ جب ایک رکن ہٹ جاتا ہے تو پورا نظام تناؤ محسوس کرتا ہے۔
وہ کھانے کی میز پر دینیات پر بحث نہیں کرتی تھی۔ اس نے اس نظام کا مذاق نہیں اڑایا جس میں وہ رہ چکی تھی۔ اس نے اپنے شوہر کے اختیار کو کھلے عام چیلنج نہیں کیا۔ اس کے بجائے وہ موجود رہی۔
باقی رہی کمزوری نہیں تھی۔

باقی رہنے کا مطلب یہ تھا کہ وہ دور سے ہونے کے بجائے نظام کے اندر نتائج کا سامنا کرے گی۔

اس کی نئی وفاداری ہمیشہ کے لیے پوشیدہ نہیں رہی۔

بیٹوں نے غور سے دیکھا۔

انہیں نظم وضبط کو محسوس کرنے کی تربیت دی گئی تھی۔ انہیں سنجیدگی کی نشاندہی کرنے کی تربیت دی گئی تھی۔ وہ جانتے تھے کہ سخت اسلامی عقیدت کیسی ہوتی ہے۔ وہ جانتے تھے کہ مکمل شرکت کی کیا ضرورت ہے۔

کچھ مختلف تھا۔

اس کا سکون انہی تلاوتوں پر قائم نہیں تھا۔

اس کی عقیدت اب اسی سمت نہیں چل رہی تھی۔ اس کا اندرونی مرکز بدل گیا تھا۔

باپ نے نظم برقرار رکھا ۔ ساخت میں آرام نہیں آیا۔ مطابقت کی توقع تحلیل نہیں ہوئی۔

لیکن اب گھر میں دو وفاداریاں تھیں۔

ماحول گہرا ہو گیا۔

یہ ابھی تک دھماکہ خیز نہیں تھا.

لیکن تقسیم ہو گئی۔

عیسٰی کے لیے، جو ابھی تک عسکریت پسند اسلامی عقیدے میں گہرائی سے قائم ہے، یہ مبہم تھا۔ جس نظام کو وہ مطلق مانتے تھے اب اس کے اپنے گھر کے اندر تضاد کا سامنا ہے۔ جس شخص نے اس کی پرورش کی تھی وہ اب ایک الگ وفاداری کا مجسمہ بن گیا تھا۔

ایسی ترتیب کے اندر تبدیلی محض مذہب کی تبدیلی نہیں تھی۔

اسے نسب، وفاداری اور تقدیر کی غداری سے تعبیر کیا گیا۔

پھر بھی وہ ٹھہر گئی۔

اس نے نکاح نہیں چھوڑا۔

اس نے خاندان کو نہیں چھوڑا، اس نے کہیں اور تحفظ نہیں لیا۔

وہ تناؤ کے اندر ہی رہ گئی۔

عوامی محاذ آرائی میں اس کے ایمان کا اظہار نہیں کیا گیا۔ برداشت کا اظہار کیا گیا۔

اس برداشت کو جلد ہی اختلاف سے بالاتر آزمایا جائے گا۔

اگلی تبدیلی باقی نہیں رہے گی۔

بڑے بیٹے کا مسیح سے سامنا ہوا۔

اور جب اس نے ایسا کیا تو گھریلو ٹوٹ پھوٹ کھلا تنازعہ بن گئی۔

باب 3

امادو المدو بوبا اور تلوار

گھر میں دوسری تبدیلی بتدریج نہیں تھی۔

یہ فیصلہ کن تھا۔

عیسیٰ کا سب سے بڑا بھائی **امادو المادو بوبا نے** اپنی زندگی مسیح کو دے دی۔

یہ ذاتی تجسس نہیں تھا۔ یہ بیعت میں ایک اعلانیہ تبدیلی تھی۔ عسکریت پسندوں کی اسلامی سزا کے ارد گرد بنائے گئے گھر میں، اس طرح کے فیصلے کو اختلاف نہیں بلکہ بغاوت سمجھا جاتا تھا۔

امادو نے اپنی تبدیلی کے فوراً بعد گھر سے باہر نہیں نکلا۔ وہ اسی ماحول میں رہا جس میں اس کی ماں رہی تھی۔

لیکن اس کی تبدیلی پر ردعمل مختلف تھا۔

جہاں اس کی ماں کی تبدیلی نے تناؤ پیدا کیا وہیں اس کی تبدیلی نے تصادم کو جنم دیا۔

پادری عیسیٰ کی گواہی کے مطابق، صورتحال تیزی سے بڑھ گئی۔ والد، جس نے فوجی نظم و ضبط اور مکمل مذہبی سنجیدگی کے ساتھ گھر پر حکومت کی تھی، نے طاقت سے جواب دیا۔

تصادم الفاظ سے آگے بڑھ گیا۔

عیسیٰ بتاتا ہے کہ اس کا باپ عمدو کے پیچھے سے تلوار لے کر آیا تھا۔

علامتی اشارہ نہیں۔

ایک حقیقی ہتھیار۔

اس نے بلیڈ کو انتہائی تیز قرار دیا ہے جو کہ ذرا بھی رابطے میں جلد کو کاٹنے کی صلاحیت رکھتا ہے۔ ارادہ ڈرانے کا نہیں تھا۔ یہ پھانسی تھی۔

باپ نے اپنے ہی بیٹے کو عیسائی بنانے پر تلوار اٹھائی۔

اس وقت کوئی بات چیت نہیں ہوئی۔

بلیڈ اٹھا لیا گیا۔

ہڑتال آ رہی تھی۔

پھر، عیسیٰ کے بیان کے مطابق، کچھ ایسا ہوا جس نے خاندان کی رفتار کو بدل دیا۔

اس نے بیان کیا ہے کہ روح القدس نے مداخلت کی۔
وہ بیان کرتا ہے کہ عمادو جسمانی طور پر اس پوزیشن سے ہٹ گیا تھا جہاں وہ کھڑا تھا۔
جدوجہد کے ذریعے نہیں۔
انسانی مداخلت سے نہیں، بھاگ کر نہیں۔
وہ کہتا ہے کہ روح نے اس کے بھائی کو "چنایا" اور اسے بلیڈ کے راستے سے ہٹا دیا۔
تلوار اتری۔
لیکن یہ گوشت پر نہیں اترا۔
اس کے بجائے، اس نے ایک ٹرامپولین کے پیچھے سے کاٹ کر جہاں عمادو کھڑا تھا اور زمین میں چلا گیا۔
جس جگہ پر بلیڈ مارا گیا وہ وہی جگہ تھی جہاں اس کا جسم کچھ لمحے پہلے پڑا تھا۔
عمادو اب وہاں نہیں تھا۔
اسے قریبی مقام پر منتقل کر دیا گیا تھا۔
ہڑتال چھوٹ گئی۔
قتل کی کوشش کامیاب نہیں ہوئی۔
وہ لمحہ گھر میں ایک اہم موڑ کا نشان بنا۔
یہ اب عقیدہ کے بارے میں اختلاف نہیں رہا۔
یہ پھانسی کی کوشش تھی۔
والد نے اداکاری کی تھی۔
تلوار اٹھائی گئی تھی۔
بلیڈ گر گیا تھا۔
پھر بھی بیٹا زندہ رہا۔
امادو نے اس واقعے کے بعد اپنا فیصلہ واپس نہیں لیا۔
اس نے اپنی تبدیلی کو ترک نہیں کیا۔
وہ پرعزم رہا۔
عیسیٰ کی گواہی کے مطابق، وہی بھائی بعد میں ڈیپر لائف چرچ کے اندر ایک سینئر پادری بن گیا، قومی نگران کی سطح پر خدمات انجام دے رہا ہے۔
تلوار نے اس کی زندگی ختم نہیں کی تھی۔
یہ اس کے بلانے سے پہلے تھا۔
گھر کے اندر کا ماحول مستقل طور پر بدل گیا۔
ماں کی خاموش تبدیلی نے اندرونی تقسیم پیدا کر دی تھی۔
امادو کی تبدیلی اور تلوار کے واقعے نے کھلم کھلا پھٹ پڑا۔
نظام کو اندر سے چیلنج کیا گیا تھا۔

اور جو کبھی یکساں وفاداری تھی وہ اب مسابقتی وفاداریوں سے ٹوٹ گئی۔
عیسیٰ کے لیے، جو اس وقت عسکریت پسند اسلامی تشکیل میں بہت گہرا تھا، اس واقعے کو آسانی سے رد نہیں کیا جا سکتا تھا۔
اس نے اپنے باپ کا ارادہ دیکھ لیا تھا۔
اس نے بلیڈ گرتے دیکھا تھا۔
اس نے اپنے بھائی کو کہیں اور کھڑے دیکھا تھا۔
واقعہ نے اسے فوری طور پر تبدیل نہیں کیا۔
لیکن اس نے اس کے یقین میں خلل ڈال دیا۔
اس کے عقائد کا ڈھانچہ برقرار رہا۔
لیکن دراڑیں پڑنا شروع ہو گئی تھیں۔
اگلی تصادم میں تلوار شامل نہیں ہوگی۔
اس میں آگ شامل ہوگی۔

باب 4
تشکیل تیز

جب کہ اس کی ماں اور بھائی نے بیعت کی تھی، عیسیٰ نے نہیں کی۔
اگر کچھ بھی ہو تو گھر کے اندر کی کشیدگی نے اس کے عزم کو سخت کر دیا۔

وہ اس بات پر یقین کرنے کے لیے اٹھایا گیا تھا کہ اسلام محض ایک مذہب نہیں بلکہ غلبہ کا حکم ہے۔ بچپن سے ہی نظم و ضبط نے ان کی شناخت بنائی۔ اس کے بھائی کی تلوار کے واقعے نے اس تشکیل کو ختم نہیں کیا۔ اس نے ان کے اس یقین کو تیز کر دیا کہ انحراف کا مقابلہ کرنا چاہیے۔

اس کے والد کا عسکری پس منظر روزمرہ کے معمولات سے زیادہ تشکیل پا چکا تھا۔ اس نے وفاداری اور طاقت کی توقعات کو تشکیل دیا۔ جذباتی نرمی کی حوصلہ افزائی نہیں کی گئی۔ اطاعت تھی۔

عیسیٰ کی ترقی عسکری خطوط پر جاری رہی۔

اپنی ابتدائی نوعمری تک، وہ اسلامی تربیتی ڈھانچے میں پوری طرح غرق ہو چکے تھے۔ شہر سے باہر، دور دراز علاقوں میں، وہ اور دیگر نوجوان بھرتی ہونے والوں کو جسمانی کنڈیشنگ اور نظریاتی تقویت ملی۔ تربیت میں شامل تھے:

- ہاتھ سے ہاتھ کی لڑائی۔
- کراٹے اور باکسنگ کی مشق۔
- جسمانی برداشت کنڈیشنگ.
- سخت حالات میں بقا کی تربیت۔
- ہتھیاروں سے نمٹنے کی نمائش۔
- گوریلا جنگ میں اسٹریٹجک ہدایات۔

والدین نے اپنی مرضی سے اس تربیت کی مالی امداد کی۔ شرکت کو اعزاز سمجھا جاتا تھا۔ اسلام کے دفاع کو انتہا پسندی کے طور پر نہیں دیکھا جاتا تھا بلکہ یہ نیکی تھی۔

نظریاتی کمک جسمانی تربیت کے ساتھ کافروں کے ساتھ ٹکراؤ پر زور دیتے ہوئے قرآن کی آیات حفظ اور تلاوت کی گئیں۔ عیسائیوں اور یہودیوں کے خلاف نفرت جذباتی نہیں تھی۔ یہ تکرار کے ذریعے کاشت کیا گیا تھا۔
عیسیٰ نے معاندانہ کارروائیوں میں براہ راست شرکت کا اعتراف کیا ہے:

- عیسائیوں کو مارنا۔
- زبردستی ڈرانا۔
- عوامی طور پر بائبل کو تباہ کرنا۔
- چرچ جلانے میں حصہ لینا۔
- منظم مذہبی جارحیت میں ملوث ہونا۔

اس نے خود کو ہچکچاتے ہوئے ملوث قرار نہیں دیا۔
اسے یقین تھا کہ وہ سچائی کا دفاع کر رہا ہے۔
عسکریت پسندی کی تربیت کے علاوہ، اس نے شدید عقیدت کی مشق بھی جاری رکھی۔ روزانہ کی پانچ فرض نمازوں کے علاوہ، اس نے اضافی چکر لگائے۔ اس نے روزانہ 172 نمازی سائیکل تک نماز پڑھنے کی گواہی دی ہے۔
تلاوت علامتی نہیں تھی۔ مراقبہ میں آیات کو ہزاروں بار دہرایا گیا۔ اطاعت لفظی تھی۔
سات یا آٹھ سال کی عمر میں، اس نے روحانی مظاہر کی اطلاع دی جسے اس نے اسلام کے اثبات سے تعبیر کیا۔ اس نے ان مخلوقات کو دیکھنے کے بارے میں بیان کیا جن کے بارے میں اس کا خیال تھا کہ وہ "الجن" ہیں۔ ان تجربات نے اسے خوفزدہ نہیں کیا۔ انہوں نے اپنے عزم کو مضبوط کیا۔
اس کا عقیدہ نظام نازک نہیں تھا۔
یہ نظم و ضبط، تکرار، روحانی تجربہ، اور فرقہ وارانہ کمک کے ذریعہ مضبوط کیا گیا تھا۔
جب وہ جوان جوانی کو پہنچا تو وہ محض ایک شریک نہیں تھا۔
وہ اسلامی اسٹریٹجک منصوبہ بندی میں شامل تھے۔ انہوں نے ان تحریکوں میں شمولیت کا حوالہ دیا ہے جو خطوں میں اسلامی اثر و رسوخ کی طویل مدتی توسیع کا تصور کرتی ہیں۔ سوچ نسل در نسل تھی۔ حکمت عملی صبر آزما تھی۔
اس کے گھر کے اندر تبدیلی نے اسے قائل نہیں کیا۔
اس نے اسے ناراض کیا۔
اس نے عیسائیت کو کمزور سمجھا۔
اس نے عیسائیوں کو سمجھوتہ کرتے ہوئے دیکھا۔
اس نے چرچ کو ایک ایسی چیز کے طور پر دیکھا جس کا سامنا کرنا پڑا۔
پھر اس کے امام کا واقعہ پیش آیا۔

اور تصادم نظریہ سے تصادم کی طرف بڑھ گیا۔

باب 5
میڈگوری، جہنم کا نظارہ، اور انکار

عیسیٰ کی زندگی میں تبدیلی آگ سے شروع نہیں ہوئی۔
اس کی شروعات انتشار سے ہوئی۔
اپنے عسکری ترقی کے سالوں کے دوران، عیسیٰ نے میدوگوری کا سفر کیا۔
اس وقت وہ پوری طرح اسلام سے وابستہ رہے۔ ان کی نظریاتی ساخت برقرار تھی۔ عیسائیت کے خلاف اس کی دشمنی برقرار رہی۔ اس کا نظم و ضبط کمزور نہیں ہوا تھا۔

میدوگوری میں رہتے ہوئے، اس نے ایک مافوق الفطرت تجربہ بیان کیا جس نے اس کی اندرونی یقین کو بدل دیا۔
وہ کہتا ہے کہ اسے جہنم دکھایا گیا تھا۔
اس نے اسے تخیل یا خواب نہیں بلکہ ملاقات کے طور پر بیان کیا۔
اس کی گواہی کے مطابق، اس نے شعلوں اور شدید مصائب کو دیکھا۔ اس نے لوگوں کو عذاب میں دیکھا۔

اور جن لوگوں کو اس نے پہچانا ان میں **مسلمان اساتذہ ۔ ملامس ۔ وہ افراد تھے جنہوں نے اسے اسلامی نظریہ سکھایا تھا۔**
یہ اسلام کے دشمن نہیں تھے۔
وہ اس کے اندر رہنما تھے۔
انہوں نے قابل احترام اسلامی اساتذہ کو مصائب میں دیکھا۔
اس نے انہیں شعلوں کے اندر، اذیت میں، روتے ہوئے بیان کیا۔
یہ اس فریم ورک کے مطابق نہیں تھا جو اسے سکھایا گیا تھا۔
اس کی پرورش اس لیے ہوئی تھی کہ اسلام ہی واحد سچا راستہ ہے۔ مسلمان اساتذہ حق کے محافظ تھے۔ ان کی ابدی منزل محفوظ سمجھی گئی۔
لیکن جس رویا میں وہ بیان کرتا ہے، وہ محفوظ نہیں تھے۔
ان کی مذمت کی گئی۔
اسے عذاب میں عیسائی نہیں دکھایا گیا تھا۔
اسے اسلامی حکام کو عذاب میں دکھایا گیا۔
اس تفصیل نے اسے پریشان کر دیا۔

اس کے بعد، وہ اوپر کی طرف لے جانے اور آسمان دکھائے جانے کا ذکر کرتا ہے۔
اس نے جنت کو منظم، روشن، منظم، پرامن قرار دیا۔
وہ بتاتا ہے کہ اس نے ایسے لوگوں کو دیکھا جو مر چکے تھے۔
وہ تجربے کو ٹھوس اور وشد کے طور پر بیان کرتا ہے۔
اسے دو منزلیں دکھائی گئیں:
اذیت۔
اور آرڈر۔
فیصلہ۔
اور امن۔
وہ تجربے سے واپس آیا۔
اور اس نے مذہب تبدیل نہیں کیا۔
وژن نے فوری طور پر اس کی بیعت کو نہیں توڑا۔
اس کی تشکیل بہت گہری تھی۔
برسوں کا نظم و ضبط، تکرار، عسکری نظریہ، اور منظم عقیدہ ایک تجربے کے تحت نہیں ٹوٹتا۔
وہ اپنے پچھلے راستے پر لوٹ آیا۔
وہ اسلام پر عمل کرتے رہے۔
اس نے عسکریت پسندی کا عزم جاری رکھا۔
اس نے عیسائیت کے خلاف دشمنی جاری رکھی۔
لیکن پریشانی برقرار رہی۔
اس نے کچھ ایسی چیز دیکھی تھی جو اسے سکھائی گئی چیزوں کے مطابق نہیں تھی۔
نظریاتی ڈھانچہ ابھی تک کھڑا تھا۔
لیکن اب اس میں دراڑیں پڑ چکی تھیں۔
فیصلہ کن تصادم میدوگوری میں نہیں ہوگا۔
یہ بعد میں ہوگا۔
اس میں اس کا امام شامل ہوگا۔
اور اس میں آگ لگ جائے گی۔

باب 6

تیسرا وژن: 1982 - دی سرنڈر

عیسیٰ نے پہلے ہی ایک کم تر آدمی کو غیر مستحکم کرنے کے لئے کافی دیکھا تھا۔

اس نے مسلمان اساتذہ کو عذاب میں دیکھا تھا۔

اس نے جنت دیکھی تھی۔ اس نے اس امام کی موت کا مشاہدہ کیا تھا جس نے اسے روحانی رازوں میں رہنمائی کی۔

اس کے باوجود ان واقعات میں سے کسی نے بھی اس کی وفاداری نہیں توڑی تھی۔

اس کے اندر کی تشکیل بہت گہری تھی۔

پانچ سال کی عمر میں روزے رکھ کر اس کی تشکیل ہوئی تھی۔

فرض سے بالاتر نماز کے چکروں سے۔ عسکریت پسندوں کی مشقوں سے۔ خفیہ دعاؤں کے ذریعے۔ آیات کی تکرار سے جنہوں نے دنیا کو مطلق زمروں میں ڈھالا۔

اسلام کوئی اعتقادی نظام نہیں تھا جو اس نے رکھا تھا۔

یہ اس کی شناخت کا ڈھانچہ تھا۔

پھر 1982 آیا۔

وہ اسے تیسرا اور آخری تصادم قرار دیتا ہے۔

وہ بورنو ریاست میں تھا۔ عسکریت پسندوں کی ذہنیت میں نرمی نہیں آئی تھی۔ ابھی بھی منصوبے، مشقیں، حکمت عملی باقی تھی۔ وہ عیسائیت کی طرف نہیں بڑھ رہا تھا۔ وہ متجسس نہیں تھا۔ وہ تلاش نہیں کر رہا تھا۔

اُس نے صاف صاف کہا ہے: اُس کے الفاظ میں ”سپر، سپر“ بغیر دلیل کے بغیر کوئی طریقہ نہیں تھا کہ وہ یسوع پر ایمان لاتا۔

ملاقات اچانک ہوئی۔

اس نے بیٹھنے کی وضاحت کی - پھر داخل ہونا جسے اس نے ٹرانس کہا۔

اس کے ارد گرد کا جسمانی ماحول دھندلا گیا۔

پھر اس نے اسے دیکھا۔

یسوع

اس نے یسوع کو آگ کے ساتھ بیان کیا - علامتی گرمجوشی نہیں، بلکہ جلتی ہوئی موجودگی۔ اس نے کہا کہ اس پر آگ شدید تھی۔ ملاقات نرم نہیں تھی۔ یہ زبردست تھا۔

پھر نظر بدل گئی۔
جہنم کھل گئی۔
اس نے کہا کہ اس نے اسے صاف دیکھا ہے۔

شعلے
دکھ، اذیت۔

اس نے چہرے پہچان لیے۔
اس نے ایسے لوگوں کو دیکھا جنہیں وہ جانتا تھا۔
اس نے مسلمان اساتذہ کو دیکھا۔
اس نے ایسے لوگوں کو دیکھا جس کا وہ احترام کرتا تھا۔
اس نے اپنے دادا کو دیکھا۔
یہ تھیولوجیکل تھیوری نہیں تھی۔
یہ پہچان تھی۔
جن لوگوں کو وہ محفوظ سمجھتا تھا وہ جل رہے تھے۔
اسے یہ یقین کرنے کی تربیت دی گئی تھی کہ اسلام سے وفاداری جنت کی ضمانت ہے۔
پھر بھی اس رویا میں جو وہ بیان کرتا ہے، وہ عذاب میں تھے۔
انکاؤنٹر یہیں نہیں رکا۔
اس نے کہا کہ پھر اسے جنت دکھائی گئی۔
اس نے ساخت، ترتیب، چمک، امن بیان کیا۔
اُس کو تربیت دی گئی تھی کہ وہ اپنے ماننے کے لیے مر جائے۔
اسے شہادت کہا گیا تھا بلندی، وہ جہاد میں مرنا فروغ ہے۔
اسے مرنے کا خوف نہیں تھا۔
اس نے خوش آمدید کہا تھا۔
پس یہ تصادم موت کے خوف کے بارے میں نہیں تھا۔
یہ دھوکہ دہی کی نمائش کے بارے میں تھا۔
وہ کہتا ہے کہ اس لمحے اس کے اندر کی ہر چیز ٹوٹ گئی۔
دھیرے دھیرے نہیں۔
جذباتی طور پر نہیں۔
ساختی طور پر۔
نظریاتی عمارت منہدم ہو گئی۔
اس نے ہتھیار ڈال دیے۔
1982 میں عیسیٰ نے اپنی جان یسوع مسیح کو دے دی۔
اسلام کے جنگجو محافظ نے بیعت کی۔
لیکن ہتھیار ڈالنے سے امن نہیں آیا۔
اس نے جنگ کو جنم دیا۔

باب 7
میں نے آسمان سے آگ دیکھی - سرپرست

حاذ آرائی سے پہلے اعتماد تھا۔

م
امام عیسیٰ کو بچپن سے جانتے تھے۔ اس نے اسے بڑھتے ہوئے دیکھا تھا۔ اس نے اپنا تلفظ درست کیا تھا، اس کی یادداشت کو تربیت دی تھی، نماز میں اس کی کرنسی کی تشکیل کی تھی۔ وہ کبھی کبھار انسٹرکٹر نہیں تھا۔ وہ تخلیقی اثر و رسوخ تھا۔

اس کے تحت، عیسیٰ نے نظم و ضبط سیکھا — غیر معمولی ایمان نہیں، بلکہ منظم عقیدت۔ اس نے سیکھا کہ کس طرح تلاوت کرنا ہے، کس طرح تشریح کرنا ہے، کس طرح قائم رہنا ہے۔ لیکن عوامی تعلیم سے آگے، گہری تہیں تھیں۔ پریکٹسز پر کھل کر بات نہیں کی گئی۔ دعائیں روحانی مشقیں۔ جسے عیسیٰ بعد میں بغیر کسی ہچکچاہٹ کے بیان کرے گا "گہرا خفیہ حصہ"۔

سنجیدگی کے بھوکے ایک نوجوان لڑکے کے لیے یہ طاقت تھی۔

امام محض مذہبی رہنما نہیں تھے۔ وہ علم کے دربان تھے۔ ایک آدمی نے اس پر بھروسہ کیا جس تک دوسرے نہیں پہنچ سکتے تھے۔

چنانچہ جب عیسیٰ کے روحانی سفر میں تناؤ پیدا ہونا شروع ہوا تو یہ اجنبیوں کے ساتھ تناؤ نہیں تھا۔ یہ کسی کے ساتھ تناؤ تھا جس کے ہاتھوں نے اسے شکل دی تھی۔

اور پھر رکاوٹ آ گئی۔

عیسیٰ نے جو دیکھا اس کی زبان کبھی نرم نہیں کی۔ وہ اسے نہ خواب کے طور پر پیش کرتا ہے اور نہ ہی استعارہ۔ وہ صاف صاف کہتا ہے:

"میں نے آسمان سے آگ دیکھی۔"

وہ رتھوں کو بیان کرتا ہے۔

آگ کے رتھ

نزول۔

اس نے اسے مارتے دیکھا۔

امام گر پڑے۔

دوسروں نے بیان نہیں کیا جو اس نے بیان کیا۔ قریبی لوگوں نے بعد میں امام کے جسم پر پھوڑے ظاہر ہونے کی بات کی۔ سُوجن۔ جسمانی مظہر۔ انہوں نے آگ کی بات نہیں کی۔ انہوں نے رتھوں کی بات نہیں کی۔

عیسیٰ تفریق پر اصرار کرتے ہیں:
اس نے آگ دیکھی۔
انہوں نے پھوڑے دیکھے۔
امام کا انتقال ہو گیا۔
اس لمحے اس کے اندر کچھ ٹوٹ گیا۔
یہ وہ شخص تھا جس نے اسے پوشیدہ طریقوں سے متعارف کرایا تھا، جس نے اس نظام میں اختیار کو مجسم کیا تھا۔ اگر اس اتھارٹی کو مارا جا سکتا ہے ۔ اگر اس روحانی ڈھانچے کو گھسایا جا سکتا ہے ۔ تو پھر کچھ زیادہ کام کر رہا تھا۔
لیکن یہاں وہی ہے جو کہانی کو ایماندار بناتا ہے۔
اس دن اس نے مذہب تبدیل نہیں کیا۔
فوری طور پر ہتھیار ڈالنے کی کوئی صورت نہیں تھی۔ بیعت کا کوئی فوری پلٹ نہیں کسی نئے عقیدے میں جذباتی طور پر گرنے کی ضرورت نہیں۔
اس کے بجائے، کچھ زیادہ خطرناک ہوا.
اس نے سختی کی۔
محاذ آرائی نے اسے نرم نہیں کیا۔ اس نے اسے شدت دی۔ جب کوئی نظام ہل جاتا ہے تو کچھ بھاگ جاتے ہیں۔ دوسرے دوگنا نیچے۔ عیسیٰ دوگنی ہو گئی۔ اس کا نظم و ضبط بڑھ گیا۔ اس کا عزم مضبوط ہو گیا۔ اس کی عسکری شناخت تیز ہو گئی۔
آگ نے کچھ بے نقاب کیا ۔ لیکن نمائش خود بخود اطاعت پیدا نہیں کرتی ہے۔
اس دن جو مر گیا وہ صرف ایک سرپرست نہیں تھا۔
یہ یقین تھا.
لیکن یقین کے خاتمے کا مطلب بیعت کا خاتمہ نہیں ہے ۔ فوری طور پر نہیں۔
آگ بالکل ٹھیک تھی۔ یہ ہجوم کے لیے تھیٹر کی نمائش نہیں تھی۔ یہ ایک ایسے شخص کے لیے نشانہ بنایا گیا تھا جس کی بنیاد اس سرپرست کے اختیار پر رکھی گئی تھی۔
اور آگ دیکھنے کے بعد بھی۔
موت کو دیکھ کر بھی۔
خلل محسوس کرنے کے بعد بھی۔
اس نے بات جاری رکھی۔
جس کی وجہ سے اگلا تصادم مزید گہرا ہونا تھا۔ بیرونی آگ نہیں۔ ظاہر نہیں ہوتا۔ کوئی ایسی چیز جو ماضی کے ڈھانچے کو خود بیعت میں گھس لے۔
آگ سرپرست کو لگی۔
لیکن ہتھیار ڈالنے کا وقت ابھی باقی تھا۔

باب 8
نو بار انہوں نے اسے مارنے کی کوشش کی۔

جب عیسیٰ نے 1982 میں ہتھیار ڈال دیے تو روحانی جنگ پرسکون نہیں ہوئی۔
یہ منظر عام پر آیا۔
وہ اندرونی سے مخالف کی طرف بڑھ گیا تھا۔
اب وہ صرف مسلمان نہیں رہا۔
وہ اب صرف ایک عسکریت پسند نہیں رہا۔
وہ ایک سابق حکمت عملی ساز تھا جس نے اب مسیح کی منادی کی۔
اور اس نے اسے خطرناک بنا دیا۔
اس نے صاف صاف کہا ہے: اس کی زندگی پر نو قتل کی کوششیں ہوئیں۔
دھمکیاں نہیں۔
کوششیں
پہلا بڑا حملہ گولیوں سے ہوا۔

اس نے جہادیوں سے براہ راست سامنا ہونے کو بیان کیا۔ یہ نامعلوم دشمن نہیں تھے۔ ان میں سے کچھ سمجھ گئے کہ وہ کون تھا۔ وہ اس کی تربیت کو جانتے تھے۔ وہ اس کے کردار کو جانتے تھے۔ وہ اس کے اسٹریٹجک دماغ کو جانتے تھے۔

گولیاں چلائی گئیں۔
اس نے بتایا کہ گولیاں اس کے جسم میں داخل ہوئیں۔

حملے کے دوران، اس کے سر پر دھات سے پرتشدد وار بھی ہوا۔ وہ اثر کو شدید قرار دیتا ہے۔ خون فوراً اور بہت زیادہ بہنے لگا۔ اس قسم کا خون بہہ رہا ہے جس سے مبصرین کو یقین ہوتا ہے کہ کھوپڑی کو کچل دیا گیا ہے۔

وہ گر پڑا۔
وہاں موجود لوگوں نے سمجھا کہ وہ مر گیا ہے۔
اسے گاڑی میں اس طرح بٹھایا گیا جیسے ختم ہو گیا ہو۔
نقل و حمل۔
توقع میں رد کر دیا گیا۔
لیکن وہ نہیں مرا۔

اس کے سر سے نظر آنے والے خون کے باوجود، گولی چلنے کے باوجود، حملے کے باوجود ۔ وہ زندہ رہا۔
بعد میں انہوں نے بتایا کہ ان کے جسم سے گولیاں نکالی گئی تھیں۔
وہ بچ گیا۔
وہ اس بقا کو موقع کے طور پر نہیں بلکہ مداخلت کے طور پر تیار کرتا ہے۔
اگلی بڑی کوشش زہر کے ذریعے ہوئی۔
اسے کھانا دیا گیا۔
اس نے بغیر کسی شک کے کھا لیا۔
جن لوگوں نے اسے تیار کیا وہ توقع کرتے تھے کہ اس کی زندگی گھنٹوں میں ختم ہو جائے گی۔
انہوں نے انتظار کیا۔
وہ گرا نہیں۔
انہوں نے مزید انتظار کیا۔
وہ زندہ رہا۔
اس کے اکاؤنٹ کے مطابق، جن لوگوں نے زہر دیا تھا وہ بعد میں واپس آئے اور انہوں نے اپنے کیے کا اعتراف کیا۔ انہیں ایک لاش دیکھنے کی امید تھی۔ اس کے بجائے، انہوں نے اسے کام کرتے دیکھا۔
وہ تباہی کے برعکس نتائج کو بیان کرتا ہے۔
وہ کہتا ہے کہ کمزور ہونے کے بجائے اس کا جسم مضبوط ہوا۔
اس کے حملہ آوروں نے اسے معمول کی بحالی سے تعبیر نہیں کیا۔
اس نے دشمنی کو مزید گہرا کر دیا۔
کوششیں جاری رہیں۔
وہ شکار ہونے کی وضاحت کرتا ہے۔
وہ جگہ جگہ حرکت کو بیان کرتا ہے۔
وہ گاؤں میں تبلیغ کرنے اور انتقامی کارروائیوں کے منظم ہونے سے پہلے وہاں سے چلے جانے کی وضاحت کرتا ہے۔
وہ احتیاط سے کام کرنے کی وضاحت کرتا ہے کیونکہ مومنوں سے قربت انہیں خطرے میں ڈالتی ہے۔ عیسائی اس کے ساتھ رفاقت سے ڈرتے تھے کیونکہ اس کے سابقہ پس منظر نے اسے پرتشدد ردعمل کے لیے مقناطیس بنا دیا تھا۔
انہوں نے کہا کہ مسلمان ہونا ایک جنگ ہے۔
کنورٹ رکھنا ایک اور بات ہے۔
دشمنی جذباتی نہیں تھی۔
یہ اسٹریٹجک تھا۔
وہ کہتے ہیں کہ نظام اور حکومتی ڈھانچے کچھ سطحوں پر شامل ہو گئے۔ دباؤ الگ تھلگ عسکریت پسندوں سے بڑھ گیا۔

ایک موقع پر، خطرے کی شدت میں مداخلت کی ضرورت تھی۔

وہ بتاتا ہے کہ صدارتی سطح کے انتظامات نے انہیں امریکہ منتقل کرنے میں سہولت فراہم کی۔

ہٹانے کی ضرورت سہولت کے لیے نہیں تھی۔

یہ بقا کے لیے تھا۔

طبی توجہ کے بعد۔

وہ بچ گیا۔

وہ واضح طور پر پیٹرن کو تیار کرتا ہے:

گولیوں نے اسے نیچے نہیں اتارا۔

زہر نے اسے ختم نہیں کیا۔

گھات لگا کر اسے ختم نہیں کیا۔

نو کوششیں۔

نو ناکامیاں۔

وہ ہر ایک کو الہی تحفظ سے منسوب کرتا ہے۔

وہ عسکریت پسند جس نے کبھی جہاد کو آگے بڑھایا تھا اب ایک عیسائی رہنما کے طور پر مسلسل خطرے میں کھڑا ہے۔

اور پھر بھی، وہ زندہ رہا۔

باب 9
پوشیدہ شاگرد اور بیعت انڈر کور

قتل کی کوششوں کے بعد، گولیوں اور زہر کے بعد، نقل مکانی اور زندہ رہنے کے بعد، عیسیٰ کی زندگی ایک مختلف قسم کے تناؤ میں داخل ہو گئی۔

عوامی تبدیلی ایک جنگ ہے۔

مخالف ماحول کے اندر مستقل وفاداری ایک اور چیز ہے۔

اپنی گواہی میں، اس نے ایسے ماحول میں رہنے کی پیچیدگی کو بیان کیا جہاں نمائش کا مطلب فوری موت ہو سکتا ہے — نہ صرف اس کے لیے، بلکہ اس سے وابستہ دوسروں کے لیے۔

اس نے احتیاط سے کام کرنے کی بات کی۔

اس نے محدود رفاقت کی بات کی کیونکہ مومنوں کو خدشہ تھا کہ قربت انہیں نشانہ بنا سکتی ہے۔

اس نے "درمیان" رہنے کو بیان کیا - عیسائیوں کو اس کی سابقہ عسکریت پسندانہ حیثیت کی وجہ سے شروع میں مکمل طور پر بھروسہ نہیں تھا، اور اس کی نئی بیعت کی وجہ سے جہادیوں نے شکار کیا۔

یہ شاگردی کی اکثر غلط فہمی والی جہت کو متعارف کراتی ہے:

پوشیدہ وفاداری ضروری نہیں کہ سمجھوتہ ہو۔

صحیفہ اسی طرح کے نمونوں کو ریکارڈ کرتا ہے۔

نیکدیمس رات کو آیا۔

اریمتھیا کے جوزف نے تدفین کے لمحے تک چپکے سے پیروی کی۔

ایستھر نے وقت کے موافق ہونے تک شناخت چھپائی۔

نعمان نے اسرائیل کے خدا کے ساتھ وفاداری کا عہد کیا جب وہ اب بھی ایک غیر ملکی ہیکل میں بادشاہ کے ساتھ کھڑا تھا۔

پوشیدہ شاگردی انکار نہیں ہے۔

یہ بقا ہے جبکہ بیعت اندرونی طور پر بدل جاتی ہے۔

ان خطوں میں جہاں اسلام سماجی اور سیاسی ڈھانچے پر حکومت کرتا ہے، کچھ مذہب تبدیل کرنے والے فوری طور پر اپنے جسمانی ماحول کو نہیں چھوڑتے۔

کچھ مسجد کے ڈھانچے میں ظاہری طور پر شرکت کرتے رہتے ہیں جبکہ اندرونی طور پر مسیح کے ذریعے دعا کرتے ہیں۔

یہ مذہبی الجھن نہیں ہے۔

یہ اسٹریٹجک بقا ہے۔

عیسیٰ نے اس حقیقت کو بیان کیا کہ مسلمان کو تبدیل کرنا ایک تصادم ہے۔

اس تبدیلی کو زندہ اور ایمان میں مستحکم رکھنا ایک اور بات ہے۔

جنگ اعتراف پر ختم نہیں ہوتی۔

اس میں شدت آتی ہے۔

ایسے مومنین ہیں جو نظام کے اندر رہتے ہیں جبکہ بیعت بدل چکی ہے۔

وہ مختلف طریقے سے دعا کرتے ہیں۔

وہ مختلف طریقے سے یقین رکھتے ہیں۔ وہ اندرونی طور پر مسیح کا اقرار کرتے ہیں۔ وہ احتیاط سے کام کرتے ہیں۔

یہ افسانوی تعمیرات نہیں ہیں۔

وہ دشمن علاقوں میں تناؤ کی زندگی گزار رہے ہیں۔

عیسیٰ کی کہانی عوامی تھیٹر کو وفاداری کی واحد شکل کے طور پر تجویز نہیں کرتی ہے۔

یہ ظاہر کرتا ہے کہ بیعت پہلے روحانی ہے، پھر ظاہر ہے۔

کچھ شاگردوں کو خاموشی سے آگے بڑھنا چاہیے۔

کچھ کو عوامی طور پر منتقل کرنا ہوگا۔

جو ضروری ہے اسے سمجھنے کی حکمت کمزوری نہیں بلکہ پختگی ہے۔

عسکریت پسند جو کبھی عیسائیوں کو تباہ کرنے کی تربیت حاصل کرتا تھا اب کچھ مختلف سمجھ گیا:

ہر جنگ نمائش سے نہیں لڑی جاتی۔

کچھ برداشت کے ساتھ لڑے جاتے ہیں۔

باب 10
بقا سے ساخت تک: وزارت کا مینڈیٹ

ص

رف بقا میراث نہیں ہے۔
بہت سے لوگ حملوں سے بچ جاتے ہیں۔
بعد میں چند ادارے تعمیر کرتے ہیں۔
قتل کی کوششوں کے بعد، انخلاء کے بعد، طبی بحالی کے بعد، دھمکیوں میں برسوں کی تبلیغ کے بعد، عیسیٰ کی کہانی چھپ کر ختم نہیں ہوئی۔
یہ ڈھانچے میں بدل گیا۔
اس نے شخصیت کا پلیٹ فارم نہیں بنایا۔
اس نے کمیشن بنایا۔
اس کمیشن کو **ایوینجلیکل بائبلیکل آؤٹ ریچ منسٹریز انٹرنیشنل (EBOMI) کے نام سے جانا جاتا ہے۔**
اس کا مینڈیٹ، جیسا کہ عوامی طور پر بیان کیا گیا ہے، واضح ہے:
مومنین، چرچ کے رہنماؤں، سرکاری ملازمین، اور سیاسی شخصیات کو متحرک کرنے، تربیت دینے، لیس کرنے اور بااختیار بنانے کے لیے ان کی پیشن گوئی کی تقدیر میں جانے اور منادی کرنے کے لیے جسے وزارت غیر منقسم انجیل کے طور پر بیان کرتی ہے۔ شفاعت اور بحالی کے ذریعے بادشاہی کی ترقی کو تیز کرنا۔
وزارت کی زبان ان کی زندگی کے ایک مستقل موضوع کی عکاسی کرتی ہے: چوکیدار۔
ویب سائٹ Ezekiel 22:26-30، Ezekiel 33:7، اور Isaiah 62:6 کا حوالہ دیتی ہے — نظام کے گرنے پر چوکیداروں کو خلا میں کھڑے ہونے کے لیے کہتے ہیں۔
پیغام غیر فعال عیسائیت نہیں ہے۔
یہ ذمہ داری ہے۔
اس نے عوامی طور پر کہا ہے:
"جب میں اسلامی جہاد سے نجات پا گیا تو رب نے مجھ سے کہا کہ بیٹا جاؤ اور چوکیداروں کو ان کی جگہ لینے پر اکسا دو تاکہ میں لوگوں کو تباہ نہ کروں۔"
زبان سیدھی ہے۔
مینڈیٹ محاذ آرائی ہے۔

زور "قدیم نشانیوں" کی بحالی ہے۔
EBOMI کا صدر دفتر جوس، پلیٹیو اسٹیٹ، نائیجیریا میں ہے۔
یہ اس طرح کام کرتا ہے:

- ایک چرچ کی وزارت۔
- تربیتی کمیشن۔
- ایک بحالی پلیٹ فارم۔
- ایک پیغمبرانہ متحرک ڈھانچہ۔

لیکن کہانی تبلیغ پر نہیں رکتی۔
ایک دوسری جہت ہے: انسانی ہمدردی کی مصروفیت۔
ایل بوبا فاؤنڈیشن کے ذریعے ، رسائی عملی خدمت تک پھیلی ہوئی ہے۔
آپ نے کہا ۔ اور اسے احتیاط سے شامل کیا جانا چاہیے ۔ کہ 80% سے زیادہ فائدہ اٹھانے والے مسلمان ہیں۔
یہ تفصیل اہم ہے۔
سابق عسکریت پسند اب ان کمیونٹیز کو کھانا کھلاتا ہے، تعلیم دیتا ہے اور بااختیار بناتا ہے جو مذہبی گروپ پر مشتمل ہے جس کا اس نے کبھی پرتشدد دفاع کیا تھا۔
فاؤنڈیشن کام کرتی ہے:

- تعلیمی ادارے۔
- زرعی اقدامات۔
- کھیتی باڑی اور کاشت کے لیے مختص زمین۔
- غریبوں اور مسکینوں کا سہارا۔

حمایت کرنے والوں میں سے بہت سے مسلمان ہیں۔
یہ نظریاتی بیان بازی نہیں ہے۔
یہ سماجی تبدیلی ہے۔
وہ شخص جو کبھی گرجا گھروں کو تباہ کرنے کی تربیت حاصل کرتا تھا اب اسکول چلاتا ہے۔
سابق جہادی اب غریبوں کو کھیتی باڑی فراہم کرتا ہے۔
خدمت جارحیت کی جگہ لے لیتی ہے۔
ڈھانچہ عسکریت پسندی کی جگہ لے لیتا ہے۔
فراہمی تشدد کی جگہ لے لیتی ہے۔
اس کے اپنے گھر کے اندر بھی تقسیم اور بقائے باہمی کی کہانی باقی ہے۔

آپ نے نوٹ کیا کہ اس کا خاندان منقسم ہے — کچھ مسلمان، کچھ عیسائی — پھر بھی وہ ایک ساتھ کھاتے ہیں۔

وہ تفصیل طاقتور ہے۔

یہ ظاہر کرتا ہے کہ تبادلوں سے رشتہ داری کا تعلق ختم نہیں ہوا۔

بیعت بدل گئی۔

انسانی وقار باقی رہا۔

یہ باب ضروری ہے کیونکہ یہ داستان کو صرف ظلم و ستم پر ختم ہونے سے روکتا ہے۔

یہ پہل دکھاتا ہے۔

یہ انفراسٹرکچر کو ظاہر کرتا ہے۔

یہ ادارہ جاتی تسلسل کو ظاہر کرتا ہے۔

یہ ظاہر کرتا ہے کہ نظم و ضبط کی تشکیل، جب ری ڈائریکٹ کیا جاتا ہے، معاشرے پر حملہ کرنے کے بجائے تعمیر کر سکتا ہے۔

حصہ اول کا نتیجہ

بیعت کیا پیدا کرتی ہے۔

پانچ سال کا روزہ۔
ایک عسکریت پسند نوجوان.ایک سرپرست آگ سے مارا گیا.ایک شخص جس نے جہنم دیکھا.1982 میں ایک ہتھیار ڈال دیا.نو قتل کی کوششیں.گولیاں.زہر.انخلاء.بقا.

اور پھر۔

سکولز۔
فارمز ، فاؤنڈیشن کا کام، چوکیدار متحرک ہو گئے ، مسلم کمیونٹیز کی خدمت کی گئی۔ ایک منقسم خاندان اب بھی ایک ہی میز پر کھانا کھا رہا ہے۔
کہانی تشدد کی تعریف نہیں کرتی۔
یہ تشکیل کو بے نقاب کرتا ہے۔
یہ ظلم و ستم کو رومانوی نہیں کرتا۔
یہ برداشت کا مظاہرہ کرتا ہے۔
یہ تبدیلی کو فرار کے طور پر پیش نہیں کرتا ہے۔
یہ اسے نتیجہ کے ساتھ بیعت کی منتقلی کے طور پر پیش کرتا ہے۔
اب سوال قارئین کی طرف لوٹتا ہے:
اگر عسکریت پسند نظم و ضبط تباہی پیدا کر سکتا ہے ، تو
مسیح کے لیے نظم و ضبط کیا بنا سکتا ہے ؟

حصہ دوم تجویز نہیں ہے۔
یہ ردعمل ہے۔

زندہ خطوط - 40 دن کی عقیدتی سیریز - 3 مطالعہ شروع ہوتا ہے... >>>>>

اس عقیدت کو کیسے استعمال کریں۔

افراد، خاندانوں اور کمیونٹیز کے لیے ایک تشکیل گائیڈ

ی ہ 40 دن کا سفر استعمال کرنے کے لیے ڈیزائن نہیں کیا گیا ہے۔
یہ آپ کو شکل دینے کے لیے ڈیزائن کیا گیا ہے۔

یہ پڑھنے کا شیڈول نہیں ہے۔
یہ تشکیل کا راستہ ہے۔
آہستہ آہستہ حرکت کریں۔
ایمانداری سے حرکت کریں۔ جان بوجھ کر حرکت کریں۔

افراد کے لیے

اس عقیدت کا مقصد ایک وقت میں ایک دن رہنا ہے۔

تیز نہیں ہوا۔
ڈھیر نہیں لگا۔ جلدی نہیں کی۔

ایک تجویز کردہ روزانہ تال (20-30 منٹ)

ہر دن پر مشتمل ہے:

• ایک بیانیہ اینکر

• • دو صحیفے (پرانا اور نیا عہد نامہ) • اسباق • عکاسی سوالات • ایک اعلان
ایک دعا • ایک عمل کا مرحلہ

اس ترتیب میں ان کے ذریعے منتقل کریں:

1. آہستہ پڑھیں

ملائی مت کرو.
جھلکیاں تلاش نہ کریں۔ یوں پڑھیں جیسے آپ کی زندگی کا جائزہ لیا جا رہا ہو — کیونکہ یہ ہے۔

2. کلام کے ساتھ بیٹھیں۔

اگر ممکن ہو تو دونوں اقتباسات کو بلند آواز سے پڑھیں۔
تناؤ کو نوٹس کریں۔ مزاحمت کا نوٹس لیں۔ سزا کا نوٹس لیں۔
کلام سے اپنا دفاع نہ کریں۔

3. کارکردگی کے بغیر عکاسی کریں۔

سوالات فکری نمائش کے لیے نہیں ہیں۔
وہ آئینہ ہیں۔
مختصراً جواب دیں۔
ایمانداری سے جواب دیں۔

4. ارادے کے ساتھ اعلان کریں۔

اعلانات تحریکی بیانات نہیں ہیں۔
وہ صف بندی کے بیانات ہیں۔
انہیں آہستہ سے بولیں۔
اپنے جذبات سے پہلے اپنی مرضی سے اتفاق کریں۔

5. عمل کے مرحلے کی اطاعت کریں۔

ہر دن میں فرمانبرداری کا ایک چھوٹا سا عمل شامل ہے۔
خاموشی سے کرو۔

اس کا اعلان نہ کریں۔
اسے پوسٹ نہ کریں، ڈرامائی نہ کریں۔

تشکیل پوشیدہ اطاعت میں ہوتی ہے۔

ذاتی استعمال کے لیے کرنسی

اس عقیدت مند کو اپنا کام کرنے کے لیے:

• صرف ایک دن روزانہ پڑھیں

• آگے بڑھنے کی خواہش کی مزاحمت کریں • جذباتی تجربات کی تلاش نہ کریں

• اگر صف بندی کی تلاش کریں • صرف جریدہ جو فرمانبرداری کو واضح کرتا ہے۔

کوئی دن آپ کو گہرائی سے مجرم ٹھہراتا ہے، تو 24-48 گھنٹے وہاں رہیں

تبدیلی رفتار سے نہیں ماپا جاتا ہے۔

فیملیز کے لیے

ی ہ سفر تقسیم شدہ اعتقاد، نسلی تناؤ، یا وراثت میں ملنے والے عقیدے کے ڈھانچے کو نیویگیٹ کرنے والے خاندانوں میں بھی استعمال کیا جا سکتا ہے۔

ایک تجویز کردہ تال:

- ہر فرد روزانہ کی پڑھائی کو انفرادی طور پر مکمل کرتا ہے
- ہفتے میں ایک بار، صرف وہی شئیر کریں جس کا ذاتی طور پر سامنا ہو • کوئی تصحیح نہیں۔ کوئی تعلیم نہیں۔ کوئی بحث نہیں۔

عمل کو عزت دو۔

تشکیل دلیل سے زندہ نہیں رہ سکتی۔

چھوٹے گروپوں اور شاگردوں کے حلقوں کے لیے

ی ہ عقیدت اس میں طاقتور طریقے سے کام کرتی ہے:

• قائدانہ جماعتیں

• دعائیہ جماعتیں • شفاعت گروپس • شاگردی ٹیمیں • روحانی تشکیل کے حلقے

تجویز کردہ ڈھانچہ

روزانہ ملنے کے بجائے، گروپوں کو چاہیے کہ:

• پانچ عقیدت کے دن نجی طور پر مکمل کریں

• ہفتہ میں ایک بار جمع ہوں • ایک دن آرام یا کیچ اپ کے لیے چھوڑیں

یہ اطاعت کو ذاتی طور پر عمل کرنے اور کارپوریٹ طور پر عمل کرنے کی اجازت دیتا ہے۔

60-90 منٹ کا گروپ بہاؤ

1. پانچ منٹ کی خاموشی

کوئی اپڈیٹ نہیں کوئی اعلان نہیں کمرے کو آباد ہونے دیں۔

2. (مشترکہ عکاسی (کوئی تبصرہ نہیں

ہر شخص صرف جواب دیتا ہے:• اس ہفتے مجھے کس چیز نے بے نقاب کیا؟• میں نے کہاں مزاحمت کی؟• خدا نے کیا واضح کیا؟

کوئی تعلیم نہیں۔

کوئی فکسنگ نہیں۔

3. صحیفے کو دوبارہ پڑھنا

ایک پرانے عہد نامے اور ایک نئے عہد نامہ کے حوالے کو دوبارہ بلند آواز سے پڑھیں۔

پوچھیں:

• کس صف بندی کی ضرورت ہے؟ • کون سا پھل بننا شروع ہو رہا ہے؟

4. نماز

اطاعت کے لیے دعا کریں ۔ سکون کی نہیں۔ ایک ساتھ صف بندی کا اعلان کریں۔

گروپ معاہدوں (غیر گفت و شنید)

اس کے لیے تشکیل کا ماحول برقرار رہے:

• ایک دوسرے کو درست نہیں کرنا

• • کوئی غیر منقولہ تعلیم نہیں • کوئی مشورہ نہیں جب تک کہ مدعو نہ کیا جائے

گروپ سے باہر کوئی اشتراک نہیں • کوئی روحانی موازنہ نہیں

یہ مقدس زمین ہے۔

اس کی حفاظت کرو۔

قائدین اور سہولت کاروں کے لیے

اگر آپ اس سفر میں دوسروں کی رہنمائی کر رہے ہیں:
آپ کا کردار غلبہ حاصل کرنا نہیں ہے۔
آپ کا کردار رفتار اور ماحول کی حفاظت کرنا ہے۔

نمونہ ایمانداری •
خاموشی کی اجازت دیں • غیر آرام دہ لمحات میں جلدی نہ کریں • عکاسی کو •
خطبات میں تبدیل کرنے کی مزاحمت کریں

یہ کتاب صلاحیت سے پہلے کردار کی تشکیل کرتی ہے۔
اگر صلاحیت کردار کے بغیر بڑھتی ہے تو، گرنے کے بعد.

یہ کتاب کیا ہے - اور کیا نہیں ہے۔

یہ کتاب ہے:

ایک منظم تشکیل کا راستہ •
ایک شاگرد سازی کا آلہ • وفاداری کا مقابلہ • برداشت کے لئے ایک تربیتی میدان •

یہ کتاب نہیں ہے:

ایک الہیات کی درسی کتاب •
ایک تحریکی عقیدت • ایک شخصیت پر مبنی مطالعہ • گواہی کا ایک تماشا •
اسے نشانات چھوڑنے کے لیے ڈیزائن کیا گیا ہے — نقوش نہیں۔

ایک آخری کلام

چاہے آپ اس سفر سے اکیلے گزریں یا برادری میں، ذمہ داری ایک جیسی ہے:
آپ سے کہانی کی تعریف کرنے کو نہیں کہا جاتا ہے۔
آپ سے کہا جاتا ہے کہ آپ اپنی وفاداری کا جائزہ لیں۔

آہستہ پڑھیں۔
خاموشی سے اطاعت کرو۔ ثابت قدم رہو۔

دنیا آپ کی زندگی پڑھ رہی ہے۔
پڑھنے کے قابل بنیں۔

حصہ دوم
40 دن کا اسٹریٹجک وفاداری کا سفر

آگ کو برداشت کرنے کے لیے بنایا گیا - چوکیدار کی ذمہ داری

چوکیدار تہیم شاعرانہ زبان نہیں ہے۔
یہ ذمہ داری ہے۔
حزقی ایل 33:7 ایسے شخص کی بات کرتا ہے جو خطرہ دیکھتا ہے اور اسے بولنا چاہیے۔
عیسیٰ کی وزارت اس نسل کو ایک ایسی نسل کے طور پر ڈھالتی ہے جس میں پادریوں نے سمجھوتہ کیا، انبیاء بہہ گئے، رہنماؤں نے ظلم کیا، اور لوگوں نے تقدس کو ترک کیا۔
ناکامی صرف لیڈروں کی ہی نہیں تھی۔
یہ چوکیداروں میں شامل تھا جنہوں نے اپنا عہدہ چھوڑ دیا۔
حصہ دوم تعریف نہیں ہے۔
یہ پوزیشننگ ہے۔
چالیس دن تک، آپ وہ تعمیر کریں گے جسے آپ نے نظر انداز کیا ہے۔
آپ جذبات کا پیچھا نہیں کریں گے۔
آپ ساخت کا پیچھا کریں گے.
آپ تجربے کا پیچھا نہیں کریں گے۔
آپ میں برداشت پیدا ہو گی۔
آپ عسکریت پسندی کی نقل نہیں کریں گے۔
آپ نظم و ضبط کے ساتھ وفاداری کو فروغ دیں گے۔

یہ بلند ہونے کے بارے میں نہیں ہے۔
یہ مستحکم ہونے کے بارے میں ہے۔
اگلے چالیس دن علامتی نہیں ہیں۔
وہ آرکیٹیکچرل ہیں۔
حصہ اول نے آپ کو آگ میں بنی ہوئی زندگی دکھائی۔

حصہ II آپ کو ایک ایسا بنانے میں مدد کرے گا جو آگ آنے پر کھڑا ہو۔
صفحہ پلٹائیں۔

دن 1
آگ سے پہلے تشکیل

کہانی اینکر

اس سے پہلے کہ عیسیٰ نے آسمان کو دیکھا۔
اس سے پہلے کہ وہ جہنم کو دیکھے۔
اس سے پہلے کہ وہ آسمان سے آگ دیکھے۔
اس سے پہلے کہ وہ گولیوں سے بچ جاتا۔
وہ تشکیل دیا گیا تھا۔

اس کے والد نے گھر میں ڈھانچہ بنایا۔
نماز کا نظم و ضبط تھا، معمولات غیر گفت و شنید تھے، مذہبی سنجیدگی نافذ تھی۔
پانچ سال کی عمر میں روزے شروع ہو چکے تھے۔
جوانی میں، تکرار شناخت بن گیا تھا۔
جب بحران آیا تو اس نے تصادفی ردعمل کا اظہار نہیں کیا۔
اس نے تشکیل سے ردعمل ظاہر کیا۔

آگ نے طاقت پیدا نہیں کی۔
تشکیل نے کیا۔

کلام کے اینکرز

عہد نامہ قدیم

"اگر بنیادیں تباہ ہو جائیں تو نیک لوگ کیا کر سکتے ہیں؟"
—زبور 11:3

آگ فاؤنڈیشن کو بے نقاب کرتی ہے۔

نیا عہد نامہ

''ہر کوئی جو میری یہ باتیں سنتا ہے اور اُن پر عمل کرتا ہے... اُس عقلمند آدمی کی طرح ہوگا جس نے چٹان پر اپنا گھر بنایا''۔
—متی 7:24

طوفان آنے سے پہلے برداشت پیدا ہو جاتی ہے۔

س بق

آپ اپنی خواہش کی سطح پر نہیں بڑھیں گے۔
آپ اپنی تشکیل کی سطح پر گر جائیں گے۔
عیسیٰ کی ابتدائی تشکیل نے عسکریت پسندی کی شدت پیدا کی۔
بعد میں، عیسائی نظم و ضبط کو ڈھانچہ دوبارہ بنانا پڑا۔
آپ کے لیے سبق:
غیر معمولی ایمان دباؤ میں گر جاتا ہے۔
نظم و ضبط کا ایمان اس سے زندہ رہتا ہے۔
آپ بنیاد بنانے کے لیے بحران کا انتظار نہیں کر سکتے۔

عکاسی کے سوالات

1.میری موجودہ روحانی بنیاد کیا ہے؟
2.ظلم یا دباؤ آیا تو کون سی عادتیں میرا ساتھ دیں گی؟
3.کیا میری نماز نظم و ضبط ہے یا جذباتی؟
4.کیا میں ذاتی عقیدت سے زیادہ چرچ کے اجتماعات پر بھروسہ کرتا ہوں؟
5.کون سا روزانہ ڈھانچہ میری وفاداری کو تشکیل دے رہا ہے؟

اپنے جوابات لکھیں۔

اعلامیہ

کھڑے ہو کر اعلان کریں:

میری بنیاد حادثاتی نہیں ہوگی۔"
میں طوفان سے پہلے تعمیر کروں گا۔ میری وفاداری کو ڈھال لیا جائے گا۔ میرا
"ایمان دباؤ میں نہیں ٹوٹے گا۔

اسے آہستہ آہستہ دہرائیں۔

ساختی نماز (30 منٹ)

1. عبادت (10 منٹ)
مسیح کو اپنی بنیاد کے طور پر تسلیم کریں۔
2. توبہ (10 منٹ)
روحانی عدم مطابقت اور سستی کا اعتراف کریں۔
3. صف بندی (10 منٹ)
خدا سے اپنی روزمرہ کی زندگی میں نظم و ضبط پیدا کرنے کو کہیں۔

ایکشن پوائنٹس

آج آپ کریں گے:

1.روزانہ نماز کا وقت طے کریں (کم از کم 20 منٹ)۔
30.2 دنوں تک مسلسل پڑھنے کے لیے ایک انجیل کا انتخاب کریں۔
3.ایک خلفشار کو دور کریں جو توجہ کو کمزور کرتا ہے۔
4.ایک ذاتی روحانی شیڈول لکھیں اور اسے مرئی طور پر پوسٹ کریں۔
5.کسی کو مطلع کریں کہ آپ نظم و ضبط کی ترقی کے لیے مصروف عمل ہیں۔

دن 2
خاموش طاقت جو ماحول کو بدل دیتی ہے۔

کہانی اینکر

گ ھر میں پہلی تبدیلی بلند آواز میں نہیں تھی۔
یہ عسکریت پسند نہیں تھا۔
یہ تصادم نہیں تھا، اس نے فوری تبدیلی کا مطالبہ نہیں کیا۔
یہ ایک ماں تھی۔

وہ گھر سے باہر نہیں نکلی۔
اس نے عوامی مباحثے کا آغاز نہیں کیا؛ اس نے ذمہ داری کو ترک نہیں کیا۔
وہ رہ گئی۔

ایک سخت ساختہ اسلامی گھر کے اندر۔
اندرونی تناؤ۔ اندر کا خطرہ۔

اس کی تبدیلی دلیل سے شروع نہیں ہوئی تھی۔
اس کا آغاز مستقل مزاجی سے ہوا۔

بعض اوقات تاریخ طاقت سے نہیں
بلکہ خاموش برداشت سے بدلتی ہے۔

کلام کے اینکرز
عہد نامہ قدیم

"حکمت سے گھر بنتا ہے اور سمجھ سے وہ قائم ہوتا ہے۔"
—امثال ۲۴:۳

ہر بنیاد طاقت سے نہیں رکھی جاتی۔
کچھ استحکام کے ذریعے رکھے گئے ہیں۔

نیا عہد نامہ

اسی طرح، بیویو، اپنے شوہروں کے تابع رہو، تاکہ اگر کچھ لوگ بات نہ مانیں،"
"تو وہ اپنی بیویوں کے طرز عمل سے ایک لفظ کے بغیر جیت جائیں۔
—پطرس 1 3:1

تبدیلی ہمیشہ بلند نہیں ہوتی۔

اس کا اکثر مشاہدہ کیا جاتا ہے۔

سبق

طاقت ہمیشہ خود کا اعلان نہیں کرتی۔
کبھی کبھی سہتا ہے۔

ماں نے زبردستی مذہب تبدیل نہیں کیا۔
اس نے یقین کو ماڈل کیا۔
اس نے خود کو مشکل سے نہیں نکالا۔
وہ اس کے اندر ہی رہ گئی۔

بہت سے مومنوں کا خیال ہے کہ فرار ایمان ہے۔
لیکن کبھی کبھی برداشت ایمان ہوتا ہے۔

آپ کا گھر۔
آپ کے کام کی جگہ، آپ کا ماحول۔

آپ اپنے ارد گرد کی ساخت کو کنٹرول نہیں کر سکتے ہیں.
لیکن آپ اس کے اندر اپنی مستقل مزاجی کو کنٹرول کرتے ہیں۔

عکاسی کے سوالات

1.خدا نے مجھے کہاں رکھا ہے جو دشمنی محسوس کرتا ہے یا روحانی طور پر خشک ہے؟
2.کیا میں نے برداشت کرنے کے بجائے فرار ہونے کی کوشش کی؟
3.کیا میرا طرز عمل تبدیلی کی عکاسی کرتا ہے؟
4.کیا میرے ساتھ رہنے والا کوئی مسیح کو میری تبلیغ کے بغیر دیکھے گا؟
5.کیا میں مسلسل ہوں جب غیب ہے؟

اپنے جوابات آہستہ سے لکھیں۔

اعلامیہ

بلند آواز سے کہو:

میں اپنا عہدہ نہیں چھوڑوں گا۔"
میری مستقل مزاجی بولے گی۔ میرا طرز عمل مسیح کی عکاسی کرے گا۔ میں بغیر "سمجھوتے کے برداشت کروں گا۔

اسے جان بوجھ کر دہرائیں۔

ساختی نماز (30 منٹ)

(عبادت (10 منٹ .1

ان ماحول کے لیے خدا کا شکر ادا کریں جس میں اس نے آپ کو رکھا ہے۔

(ہتھیار ڈال دیں (10 منٹ .2

مشکل ماحول کے بارے میں اپنی مایوسی کو دور کریں۔

3. طاقت (10 منٹ)

خاموش برداشت اور مستحکم یقین کے لیے پوچھیں۔

ایکشن پوائنٹس

آج آپ کریں گے:

1. ایک رشتہ منتخب کریں جہاں آپ رویے کے ذریعے مسیح کا نمونہ بنائیں گے، نہ کہ دلیل سے۔
2. ایک رد عمل کی عادت (شکایت، سخت تقریر، اجتناب) کو ہٹا دیں۔
3. مستقل مزاجی کے بارے میں ایک جملہ کمٹمنٹ لکھیں اور اسے کہیں نظر آنے والی جگہ پر پوسٹ کریں۔
4. اپنے ماحول میں کسی ایسے شخص کے لیے خاص طور پر دعا کریں جو آپ سے متفق نہیں ہے۔
5. وفادار رہنے کا عہد کریں جہاں آپ اگلے 7 دنوں تک بغیر اعتکاف کے ہوں۔

دن 3
تلوار سے بچنے والا یقین

کہانی اینکر

جب یقین خاموش برداشت سے مرئی اعلان کی طرف منتقل ہوا تو ردعمل میں شدت آگئی۔
ایک بیٹے نے مختلف طریقے سے انتخاب کیا۔

فیصلہ نظریاتی نہیں تھا۔
یہ عوامی تھا۔

اور جواب ہلکا نہیں تھا۔
تلوار اٹھائی گئی۔
بیعت کی قیمت فوری ہو گئی۔
سزا کو برداشت کیا جاتا ہے جب کہ یہ نجی ہے۔
جب یہ نظر آتا ہے تو اس کی مزاحمت کی جاتی ہے۔
خاموش رہنے والا ایمان اکثر تصادم سے بچتا ہے۔
ایمان جو معلوم ہو جاتا ہے مزاحمت کو راغب کرتا ہے۔
بیعت کا ہمیشہ نتیجہ نکلتا ہے۔

کلام کے اینکرز

عہد نامہ قدیم

"آج اپنے لیے چن لو کہ تم کس کی خدمت کرو گے... لیکن جہاں تک میرا اور میرے گھر کا تعلق ہے، ہم رب کی خدمت کریں گے۔"
—یشوع 24:15

عوامی وفاداری فیصلہ مانگتی ہے۔

نیا عہد نامہ

"درحقیقت، وہ تمام لوگ جو مسیح یسوع میں دینداری کے ساتھ زندگی گزارنا چاہتے ہیں ظلم سہیں گے۔"
—2 تیمتھیس 3:12

سزا غیر جانبدار نہیں ہے۔

یہ ردعمل کو بھڑکاتا ہے۔

سبق

ہر مومن کو آخرکار اس سوال کا سامنا کرنا پڑتا ہے:

کیا میری بیعت اندرونی رہے گی
یا ظاہر ہو جائے گی؟
،جب یقین سوچ سے اعلان کی طرف بڑھتا ہے
دباؤ بڑھتا ہے۔

اس کا مطلب ہمیشہ جسمانی تشدد نہیں ہوتا۔
اس کا مطلب ہو سکتا ہے:

- سماجی مزاحمت
- خاندانی تناؤ
- کیریئر کی حد
- رد کرنا
- غلط فہمی

تلوار دھاتی نہیں ہو سکتی۔
لیکن یہ حقیقی ہوگا۔
یقین جو مزاحمت سے زندہ نہیں رہ سکتا ابھی تک جڑ نہیں پایا۔

عکاسی کے سوالات

1. میں نے اپنے ایمان کو تکلیف سے بچنے کے لیے کہاں خاموش رکھا ہے؟
2. اگر میں اپنی وفاداری کے بارے میں مکمل طور پر شفاف ہوں تو کون سے تعلقات بدلیں گے؟
3. کیا میں غلط فہمی کے لیے تیار ہوں؟
4. کون سا خوف میرے یقین کو جزوی طور پر پوشیدہ رکھتا ہے؟
5. کیا میں ثابت قدم رہوں گا اگر دباؤ بڑھ جائے؟

روحانی مبالغہ آرائی کے بغیر جواب دیں۔

اعلامیہ

کھڑے ہو کر اعلان کریں:

میری وفاداری مشروط نہیں ہے۔"
میں اپنے یقین کو کمزور نہیں کروں گا۔ میں دباؤ میں ثابت قدم رہوں گا۔ میں کھلے
"عام اور سمجھوتہ کیے بغیر مسیح کا انتخاب کرتا ہوں۔

آہستہ سے بولو۔

ساختی نماز (30 منٹ)

1. عبادت (10 منٹ)

اپنی ساکھ پر مسیح کو رب کے طور پر تسلیم کریں۔

2. ہمت (10 منٹ)

دشمنی اور خوف کے بغیر کھڑے ہونے کی طاقت مانگیں۔

3. تحفظ (10 منٹ)

نظر آنے والی بیعت پر حکمت اور الہی احاطہ کے لیے دعا کریں۔

ایکشن پوائنٹس

آج آپ کریں گے:

1. عوامی طور پر ایک چھوٹے لیکن جان بوجھ کر مسیح کے ساتھ شناخت کریں۔
2. ایک ایسے سمجھوتے سے انکار کریں جو سالمیت کو کمزور کرتا ہے۔
3. ایک ایماندارانہ گفتگو کریں جس سے آپ نے گریز کیا ہو۔
4. جوشوا 24 کو بلند آواز سے پڑھیں۔
5. خاص طور پر ہمت کے لیے دعا کریں، سکون نہیں۔

دن 4
جب خدا بلیڈ کو روکتا ہے۔

کہانی اینکر

تلوار اصلی تھی۔
ارادہ حتمی تھا۔
ہڑتال علامتی نہیں تھی۔
اور پھر بھی بلیڈ نہیں اترا۔
جو زندگی ختم ہونی چاہیے تھی وہ کامیاب نہیں ہوئی۔
زندگی میں ایسے لمحات آتے ہیں جہاں مداخلت ناقابل تردید ہوتی ہے۔
جہاں حالات انسانی وضاحت سے آگے بڑھ جاتے ہیں۔
جہاں بقا حکمت عملی نہیں ہے۔
یہ رکاوٹ ہے۔

ہتھیار ڈالنے سے پہلے۔
وزارت سے پہلے، عوامی اثر سے پہلے۔

تحفظ تھا۔
کبھی کبھی خُدا آپ کو محفوظ رکھتا ہے اس سے پہلے کہ آپ پوری طرح سمجھ جائیں کہ کیوں۔

کلام کے اینکرز

عہد نامہ قدیم

"تمہارے خلاف بنایا ہوا کوئی ہتھیار کامیاب نہیں ہو گا۔"
—یسعیاہ 54:17
ہتھیار بن سکتے ہیں۔
وہ ہمیشہ مقصد کو پورا نہیں کرتے۔

نیا عہد نامہ

"خداوند مجھے ہر برے حملے سے بچائے گا اور مجھے محفوظ طریقے سے اپنی آسمانی بادشاہی میں لے آئے گا۔"
—2 تیمتھیس 4:18

ریسکیو حملے کو دور نہیں کرتا۔
یہ اسے زیر کرتا ہے۔

سبق

مداخلت استحقاق نہیں ہے۔
یہ رحمت ہے۔
تحفظ کمال کا ثبوت نہیں ہے۔
یہ مقصدیت کا ثبوت ہے۔
کچھ لوگ بقا کو قسمت سے تعبیر کرتے ہیں۔
دوسرے اسے ٹائمنگ سے تعبیر کرتے ہیں۔
،لیکن جب آپ کو تباہ کرنے کی کوئی چیز ناکام ہو جاتی ہے
تو یہ عکاسی کا مطالبہ کرتا ہے۔

اپنے آپ سے پوچھیں:
میں ابھی تک یہاں کیوں ہوں؟
آپ بچ گئے ہیں:

- حادثات۔
- بیماری۔
- مالیاتی تباہی۔
- جذباتی خرابی۔
- وہ حالات جو مختلف طریقے سے ختم ہونے چاہئیں۔

تحفظ غیر فعال نہیں ہے۔
یہ ذمہ داری اٹھاتا ہے۔

اگر آپ محفوظ تھے تو
آپ کو کسی چیز کے لیے محفوظ کیا گیا تھا۔

عکاسی کے سوالات

1. نے اپنی زندگی میں واضح طور پر تحفظ کہاں دیکھا ہے؟
2. کیا میں نے بقا کا علاج اتفاق سے کیا؟
3. کیا میں نے پوچھا کہ خدا نے مجھے کیوں بخشا؟
4. کیا میں اس طرح جی رہا ہوں جیسے میری زندگی کا مقصد ہے؟
5. مجھے پہلے کس چیز نے تقریباً تباہ کر دیا ہے؟

مخصوص لمحات لکھیں۔

اعلامیہ

بلند آواز سے کہو:

میں مقصد کے لیے محفوظ ہوں۔"
میری بقا حادثاتی نہیں ہے۔
میں الہی رحمت کو ضائع نہیں کروں گا۔
"میں جان بوجھ کر جیوں گا۔

اسے آہستہ آہستہ دہرائیں۔

ساختی نماز (30-35 منٹ)

1. تشکر (10 منٹ)

تحفظ کے مخصوص لمحات کے لیے خدا کا شکر ادا کریں۔

2. ہتھیار ڈال دیں (10 منٹ)

اپنے مستقبل کو جان بوجھ کر اس کے سامنے پیش کریں۔

3. صف بندی (10-15 منٹ)

اپنی اسائنمنٹ کے بارے میں وضاحت طلب کریں۔

ایکشن پوائنٹس

آج آپ کریں گے:

1. تین مخصوص لمحات لکھیں جہاں آپ کو محفوظ کیا گیا تھا۔
2. ان میں سے ایک گواہی کسی کے ساتھ شیئر کریں۔
3. ایک عادت کو ہٹا دیں جو بقا کے تحفے کی بے عزتی کرتی ہے۔
4. زبور 23 بلند آواز سے دعا کریں۔
5. اپنی زندگی کے ایک شعبے کو مکمل طور پر خدا کے مقصد کے لیے وقف کریں۔

دن 5
جب سچائی آپ کو پریشان کرتی ہے۔

کہانی اینکر

اس نے دیکھا۔
اسے جہنم دکھایا گیا۔
اس نے چہرے پہچان لیے۔
اس نے معزز مذہبی اساتذہ کو عذاب میں دیکھا۔
اس نے جنت دیکھی۔
اس نے امن و امان دیکھا۔
وہ واپس آگیا۔
اور اس نے ہتھیار نہیں ڈالے۔
سچائی ہمیشہ فوری اطاعت پیدا نہیں کرتی۔
بعض اوقات یہ خلل پیدا کرتا ہے۔
خلل تبدیلی نہیں ہے۔
یہ نمائش ہے۔
آپ دیکھ سکتے ہیں اور پھر بھی مزاحمت کر سکتے ہیں۔
آپ جان سکتے ہیں اور پھر بھی تاخیر کر سکتے ہیں۔
آپ کا سامنا کیا جا سکتا ہے اور پھر بھی سخت ہو سکتا ہے۔
ایک موسم ہے جہاں سچ دروازے پر کھڑا ہے،
اور آپ فیصلہ کرتے ہیں کہ کھلنا ہے یا نہیں۔

کلام کے اینکرز
عہد نامہ قدیم

فرعون نے اپنا دل سخت کر لیا اور نہ مانا۔
—خروج 8:15

نشانیاں دیکھنا ہتھیار ڈالنے کی ضمانت نہیں دیتا۔
نیا عہد نامہ

"آج اگر تم اس کی آواز سنو تو اپنے دلوں کو سخت نہ کرو۔"

عبرانیوں 3:15—

تاخیر مزاحمت بن سکتی ہے۔

سبق

بہت سے مومنین سمجھتے ہیں کہ جہالت ان کا مسئلہ ہے۔
اکثر ایسا نہیں ہوتا۔
اکثر مسئلہ تاخیر کا ہوتا ہے۔
آپ پہلے ہی جانتے ہیں:

- جہاں سمجھوتہ ہوتا ہے۔
- جہاں نظم و ضبط کا فقدان ہے۔
- جہاں بیعت تقسیم ہے۔
- جہاں توبہ کی ضرورت ہے۔

سچائی آپ کو پہلے ہی پریشان کر چکی ہے۔
سوال یہ ہے:
کیا تم نے عمل کیا؟
پریشانی رحمت ہے۔
لیکن رحم کا جواب ضرور دینا چاہیے۔

عکاسی کے سوالات

1. خدا نے مجھے پہلے ہی کون سی سچائی دکھائی ہے جس پر عمل کرنے میں میں نے تاخیر کی ہے؟
2. میں فی الحال اصلاح کی مزاحمت کہاں کر رہا ہوں؟
3. میں کون سی عادت جانتا ہوں کہ بدلنا ضروری ہے لیکن ایڈریس نہیں کیا؟
4. کیا میں سزا کا فوری جواب دیتا ہوں؟
5. کیا میں روحانی طور پر بے حس ہو رہا ہوں؟

ایمانداری سے جواب دیں۔

اعلامیہ

بلند آواز سے کہو:

"،میں سچائی کا مقابلہ نہیں کروں گا
اطاعت میں دیر نہیں کروں گا، جب یقین آئے گا تو جواب دوں گا، میرا دل نرم رہے گا۔"

اسے آہستہ آہستہ دہرائیں۔

ساختی نماز (30-40 منٹ)

1. اعتراف (10 منٹ)

مخصوص علاقوں کے نام بتائیں جہاں آپ نے سزا کے خلاف مزاحمت کی۔

2. نرمی (10 منٹ)

دل کی سختی دور کرنے کے لیے اللہ سے دعا کریں۔

3. فرمانبرداری (10-15 منٹ)

جب سامنا ہو تو فوراً کام کرنے کی ہمت کی دعا کریں۔

اس کے ساتھ ختم کریں:

"آج میں نے تاخیر پر اطاعت کا انتخاب کیا۔"

ایکشن پوائنٹس

آج آپ کریں گے:

1. ایک کارروائی کریں جسے آپ نے روحانی طور پر ملتوی کر دیا ہے۔
2. جہاں آپ نے توبہ میں تاخیر کی ہے وہاں معذرت کریں۔
3. ایک بار بار سمجھوتہ کو ہٹا دیں۔
4. جواب کی علامت کے طور پر ایک کھانا تیز کریں۔
5. فوری اطاعت کا ایک شعبہ لکھیں اور آج ہی اسے مکمل کریں۔

دن 6
بیعت کی منتقلی کا دن

کہانی اینکر

خلل کے بعد۔
مزاحمت کے بعد۔
تصادم کے بعد۔
آگ کے بعد۔
بقا کے بعد۔
ایک لمحہ ایسا آیا جس نے اسے بیرونی طور پر نہ ہلایا۔
اس نے اسے اندرونی طور پر توڑ دیا۔
اس نے اسے ٹرانس کے طور پر بیان کیا۔
اس نے یسوع کو دیکھا۔
اس نے پھر جہنم دیکھی۔
اس نے پھر جنت دیکھی۔
لیکن اس بار کچھ مختلف ہوا۔
وہ بغیر تبدیلی کے واپس نہیں آیا۔
اس نے ہتھیار ڈال دیے۔
1982 میں بیعت منتقل ہوئی۔
اس نے یسوع کو اپنے عقیدے کے نظام میں شامل نہیں کیا۔
اس نے شناخت پر بات نہیں کی۔
اس نے اسلام میں ترمیم نہیں کی۔
اس نے وفاداری منتقل کی۔
یہ وہی ہے جو واقعی تبدیلی ہے:
منتقلی
کلام کے اینکرز
عہد نامہ قدیم

تم کب تک دو باتوں میں ٹکراؤ گے؟ اگر خداوند خدا ہے تو اس کی پیروی کرو؛"
"لیکن اگر بعل، اس کی پیروی کرو۔
سلاطین 1 18:21 —

بیعت کو غیر معینہ مدت تک تقسیم نہیں کیا جا سکتا۔

نیا عہد نامہ

کیونکہ اُس نے ہمیں تاریکی کے تسلط سے بچایا اور اُس بیٹے کی بادشاہی میں"
"لایا جس سے وہ پیار کرتا ہے۔
کلسیوں 1:13—

نجات نقل مکانی ہے۔
یہ اقتدار کی منتقلی ہے۔

سبق

بہت سے ایماندار یسوع کی تعریف کرتے ہیں۔
چند ٹرانسفر بیعت۔
تعریف کہتے ہیں:
"میں مانتا ہوں۔"
منتقلی کا کہنا ہے کہ:
"میرا تعلق ہے۔"
منتقلی کا مطلب ہے:

- مسیح خوف سے بالاتر ہے۔
- مسیح قبیلے کو پیچھے چھوڑ دیتا ہے۔
- مسیح ماضی کی شناخت کو آگے بڑھاتا ہے۔
- مسیح نظریے سے بالاتر ہے۔
- مسیح بقا کو پیچھے چھوڑ دیتا ہے۔

،جب تک بیعت نہیں ہو جاتی
تشکیل تقسیم رہتی ہے۔

آپ دو آقاؤں کی خدمت نہیں کر سکتے۔
تم دو سلطنتوں میں نہیں رہ سکتے۔
ایک دن ایسا آتا ہے جب فیصلہ حتمی ہو جاتا ہے۔

عکاسی کے سوالات

1.کیا میں نے واقعی بیعت منتقل کی ہے، یا میں روحانی طور پر منقسم ہوں؟
2.کون سی مسابقتی وفاداری اب بھی مجھے کنٹرول کرتی ہے؟
3.اگر میں مکمل طور پر اندر چلا گیا تو کیا مجھے کچھ کھونے کا خوف ہے؟

4.مکمل ہتھیار ڈالنے کی مجھے کیا قیمت ہوگی؟
5.اگر آج میرا ٹرانسفر کا دن ہوتا تو فوری طور پر کیا بدل جاتا؟

روحانی کارکردگی کے بغیر لکھیں۔

اعلامیہ

جسمانی طور پر کھڑے ہوں۔
بلند آواز سے کہو:
میں اپنی بیعت کو مکمل طور پر یسوع مسیح کی طرف منتقل کرتا ہوں۔"
وہ میری شناخت، میرے ماضی، میرے مستقبل کا رب ہے۔ میں منقسم وفاداری کو
"ترک کرتا ہوں۔ میرا تعلق مسیح سے ہے۔
اسے آہستہ آہستہ اور جان بوجھ کر دہرائیں۔

ساختی نماز (40 منٹ)

1. عبادت (10 منٹ)
اپنی زندگی کے ہر شعبے پر مسیح کی حاکمیت کا اعلان کریں۔

2. ترک کرنا (10 منٹ)
مسابقتی وفاداریوں کو زبانی طور پر ترک کرنا۔

3. ہتھیار ڈالنا (10 منٹ)
اپنی شناخت، شہرت اور مستقبل پیش کریں۔

4. عہد (10 منٹ)
بولے جانے والے عہد میں اپنی وفاداری پر مہر لگائیں۔

اس کے ساتھ ختم کریں:
"میری بیعت طے پا گئی ہے۔"

ایکشن پوائنٹس

آج آپ کریں گے:

1.ایک صفحے کا بیعت کا عہد لکھیں اور اس پر دستخط کریں۔
2.منقسم وفاداری سے منسلک ایک چیز یا عادت کو تباہ یا ہٹا دیں۔
3.عوامی طور پر ایک واضح طریقے سے اپنے آپ کو مسیح کے پیروکار کے طور پر پہچانیں۔
4.ہتھیار ڈالنے کے جسمانی عمل کے طور پر ایک وقت کا کھانا۔
5.کلسیوں 1:13 کو یاد کریں۔

دن 7
جب بیعت اپوزیشن کو راغب کرتی ہے۔

کہانی اینکر

٥

تھیار ڈالنے سے سکون نہیں آیا۔
اس سے تصادم ہوا۔
بیعت کی منتقلی کے بعد مزاحمت میں شدت آگئی۔
وہ نشانہ بن گیا۔
وہی نظام جس کا اس نے کبھی دفاع کیا تھا اب اسے ختم کرنے کے لیے نشان زد کر دیا ہے۔
گولیاں چلائی گئیں۔
زہر پلایا گیا۔
تعاقب اعتراف کے بعد ہوا۔
تبدیلی تنازعات سے فرار نہیں ہے۔
یہ ایک مختلف میں داخلہ ہے۔
بیعت آپ کو بے نقاب کرتی ہے۔

کلام کے اینکرز

عہد نامہ قدیم

"پھر ساؤل بہت غصے میں ہوا... اور اس دن سے ساؤل نے داؤد پر گہری نظر رکھی۔"

—1 سموئیل 18:8-9

جب حق بدلتا ہے تو مخالفت دیکھتی ہے۔

نیا عہد نامہ

"اگر دنیا تم سے نفرت کرتی ہے تو یاد رکھو کہ اس نے سب سے پہلے مجھ سے نفرت کی۔"

—یوحنا ۱۵:۱۸

اپوزیشن ناکامی کا ثبوت نہیں ہے۔
یہ صف بندی کا ثبوت ہے۔

سبق

بہت سے مومن ہتھیار ڈالنے کے فوراً بعد امن کی توقع کرتے ہیں۔
لیکن وفاداری وفاداریوں کو دوبارہ ترتیب دیتی ہے۔
اور دوبارہ منظم وفاداریاں ردعمل کو بھڑکاتی ہیں۔
اپوزیشن گولیوں کی طرح نظر نہیں آتی۔
یہ اس طرح نظر آسکتا ہے:

- علیحدگی۔
- لطیف رد۔
- موقع کا نقصان۔
- شبہ۔
- ساکھ کو نقصان۔

اگر آپ اطمینان سے وفاداری کو ناپیں گے تو
آپ پیچھے ہٹ جائیں گے۔
اگر آپ وفاداری کو اطاعت سے ماپیں گے تو
آپ برداشت کریں گے۔

اپوزیشن شناخت کو واضح کرتی ہے۔

عکاسی کے سوالات

1. مسیح کے بارے میں سنجیدہ ہونے کے بعد میری زندگی میں کیا تبدیلی آئی؟
2. میں نے کہاں اپوزیشن کو ناکامی سمجھا ہے؟
3. جب میں مزاحمت محسوس کرتا ہوں تو کیا میں پیچھے ہٹتا ہوں؟
4. مخالفت کی کون سی شکل مجھے سب سے زیادہ ڈراتی ہے؟
5. کیا میں حیران ہوں جب فرمانبرداری مجھے کچھ قیمت دیتی ہے؟

درستگی کے ساتھ لکھیں۔

اعلامیہ

بلند آواز سے کہو:

"میں مخالفت میں پیچھے نہیں ہٹوں گا۔
مزاحمت مجھے بہتر کرے گی، مجھے ہٹائے گی نہیں۔ میری وفاداری کا دارومدار
سکون پر نہیں ہے۔ میں ثابت قدم ہوں۔"

اسے طاقت کے ساتھ دہرائیں۔

ساختی نماز (35 منٹ)

1. عبادت (10 منٹ)

اپنی لڑائیوں پر مسیح کو رب کے طور پر تسلیم کریں۔

2. طاقت (10 منٹ)

مخالفت کے تحت لچک کے لیے دعا کریں۔

3. تحفظ (10 منٹ)

اپنی زندگی اور خاندان پر الٰہی پردے کی درخواست کریں۔

4. ثابت قدمی (5 منٹ)

نتائج سے قطع نظر برداشت کا عہد کریں۔

کے ساتھ بند کریں:

"میں مستحکم رہتا ہوں۔"

ایکشن پوائنٹس

آج آپ کریں گے:

1. ایک ایسے علاقے کی نشاندہی کریں جہاں مخالفت نے آپ کو ہچکچاہٹ کا شکار کیا۔
2. دلیری سے اس علاقے کو دوبارہ شامل کریں۔
3. مزاحمت کا سامنا کرنے والے کسی اور کی حوصلہ افزائی کریں۔
4. 1 سموئیل 18 کو آہستہ سے پڑھیں۔
5. خوف پر مبنی فیصلے سے انکار کریں۔

دن 8
آگ کے نیچے محفوظ

کہانی اینکر

تھیار ڈالنے کے بعد حملے بڑھ گئے۔ ۵
گولیاں اس کے جسم میں داخل ہوئیں۔
دھات اس کے سر پر ٹکرائی۔
خون بہنے لگا۔
اسے مردہ تصور کیا گیا۔
زہر پلایا گیا۔
تعاقب تیز ہو گیا۔
نو کوششیں کی گئیں۔
اور پھر بھی، وہ زندہ رہا۔
تحفظ خطرے سے انکار نہیں ہے۔
یہ تباہی میں رکاوٹ ہے۔
ایسے موسم آتے ہیں جب بقا خود گواہی بن جاتی ہے۔
سوال صرف یہ نہیں کہ:
"مجھ پر حملہ کیوں ہوا؟"
لیکن یہ بھی:
"میں ابھی تک یہاں کیوں ہوں؟"

کلام کے اینکرز

عہد نامہ قدیم

"صادق کی مصیبتیں بہت ہیں، لیکن خُداوند اُسے اُن سب سے بچاتا ہے۔"
—زبور 34:19
مصیبت صداقت کی نفی نہیں کرتی۔
نجات مقصد کی تصدیق کرتی ہے۔

نیا عہد نامہ

"ہم ہر طرف سے سخت دبائے گئے ہیں، پھر بھی کچلے نہیں گئے؛ پریشان ہیں،
لیکن مایوسی میں نہیں؛ ستائے گئے، لیکن چھوڑے نہیں گئے؛ مارے گئے، لیکن تباہ
نہیں ہوئے۔"
کرنتھیوں 8:4-9 2—

مارا مارا تباہ جیسا نہیں ہے۔
سبق
کچھ لوگ ان چیزوں سے بچ گئے جن کو ختم کرنا چاہیے تھا۔
حادثات۔
حملے.بیماری.مالی تباہی.ذہنی خرابی۔

آپ ابھی تک یہاں ہیں۔
تحفظ ذمہ داری ہے۔
اگر خدا نے آپ کو محفوظ رکھا تو
اس نے آپ کو کسی چیز کے لیے محفوظ رکھا۔
بغیر مقصد کے زندہ رہنا برباد ہو جاتا ہے۔
مقصد کے ساتھ بقا مشن بن جاتا ہے۔
آپ کو فیصلہ کرنا ہوگا کہ آپ کی زندگی کون سی بن جائے گی۔
عکاسی کے سوالات

1.میں کیا بچ گیا ہوں جسے میں شاذ و نادر ہی تسلیم کرتا ہوں؟
2.کیا میں احتیاط سے تحفظ کا علاج کرتا ہوں؟
3.خدا کس مقصد کے لیے میری حفاظت کر رہا ہے؟
4.کیا میں اپنے تحفظ کے بعد سے جان بوجھ کر رہ رہا ہوں؟
5.اگر مجھے یقین ہے کہ میری بقا اسائنمنٹ ہے تو کیا بدلے گا؟

مخصوص واقعات لکھیں۔
اعلامیہ
کھڑے ہو کر اعلان کریں:
"میں مقصد کے لیے محفوظ ہوں۔
جس چیز نے مجھے تباہ کرنا چاہیے تھا، وہ نہیں ہوا۔ میں اپنی بقا کو ضائع نہیں
کروں گا۔ میری زندگی میں تفویض ہے۔"
اسے جان بوجھ کر دہرائیں۔

س اختتی نماز (35-40 منٹ)

1. تشکر (10 منٹ)

مخصوص محفوظ لمحات کے لیے خدا کا شکر ادا کریں۔

2. توبہ (10 منٹ)

اعتراف کریں کہ آپ نے بقا کہاں ضائع کی ہے۔

3. صف بندی (10-15 منٹ)

مقصد میں چلنے کے لیے وضاحت اور دلیری کے لیے پوچھیں۔

4. عزم (5 منٹ)

اپنی محفوظ زندگی کو خدا کے سپرد کریں۔

کے ساتھ بند کریں:

"میں جان بوجھ کر رہتا ہوں۔"

ایکشن پوائنٹس

آج آپ کریں گے:

1. اپنی زندگی کے تین محفوظ لمحات لکھیں۔
2. ایک گواہی کسی کے ساتھ شیئر کریں۔
3. ایک عادت کو ہٹا دیں جو بقا کے تحفے کی بے عزتی کرتی ہے۔
4. زبور 34 بلند آواز سے دعا کریں۔
5. بامقصد فرمانبرداری کی طرف ایک قدم بڑھائیں۔

دن 9
اعلان کے بغیر بیعت

کہانی اینکر

تہیار ڈالنے کے بعد مرئیت خطرناک ہو گئی۔
— نہ صرف اس کے لیے ۵
بلکہ اس کے آس پاس والوں کے لیے۔

اس نے "درمیان" رہنے کو بیان کیا۔
سابق اتحادیوں نے اسے غدار قرار دیا۔
نئے ماننے والے اسے احتیاط سے دیکھ رہے تھے۔
اس کے ساتھ ایسوسی ایشن حملہ کر سکتا ہے.
وہ زور سے ہل نہیں سکتا تھا۔
اسے سمجھداری سے آگے بڑھنا تھا۔
بہت سے مخالف ماحول میں، کچھ تبدیل کرنے والے فوری طور پر منتقل نہیں ہوتے ہیں۔
وہ اپنے خاندان کے اندر رہتے ہیں۔
ان کی برادریوں کے اندر۔ بعض اوقات باہر سے بھی مسجد کے ڈھانچے کے اندر۔
لیکن اندرونی طور پر بیعت بدل گئی ہے۔
پوشیدہ شاگردی انکار نہیں ہے۔
یہ حکمت عملی ہے۔
ہر موسم بغیر نتیجہ کے عوامی اعلان کی اجازت نہیں دیتا۔
حکمت بزدلی نہیں ہے۔
یہ ذمہ داری ہے۔

کلام کے اینکرز
عہد نامہ قدیم

رِمّن کی ہیکل میں عبادت کرنے کے لیے جاتا ہے تو... خُداوند تیرے بندے کو اس "چیز میں معاف کرے۔"

—2 سلاطین 5:18

ماحول سے پہلے بیعت بدل گئی۔

نیا عہد نامہ

اب وہاں ایک شخص تھا جس کا نام نیکودیمس تھا... جو رات کو یسوع کے پاس "آیا۔"

—یوحنا 3:1-2

کچھ شاگرد عوامی طور پر کھڑے ہونے سے پہلے رازداری میں شروع کرتے ہیں۔

سبق

وفاداری ہمیشہ ڈرامائی نظر نہیں آتی۔
ایسے موسم ہوتے ہیں جب حکمت عقلمندی کا تقاضا کرتی ہے۔

مقصد مرئیت نہیں ہے۔
مقصد بیعت ہے۔

کچھ مومن شور کو ہمت کے ساتھ الجھاتے ہیں۔
دوسرے خاموشی کو سمجھوتہ سے الجھاتے ہیں۔
فرق محرک ہے۔

— کیا آپ خوف سے خاموش ہیں
یا اسٹریٹجک اطاعت؟
— کیا آپ مصائب سے بچنے کے لیے چھپے ہوئے ہیں
یا تفویض کو محفوظ رکھنے کے لیے؟

خدا کبھی کبھی آپ کو زمین سے اوپر لانے سے پہلے زیر زمین کام کرتا ہے۔

عکاسی کے سوالات

1. کیا میں اپنے عقیدے کو خوف سے چھپا رہا ہوں — یا عقل کا استعمال کر رہا ہوں؟
2. مجھے کہاں جرات مند ہونے کی ضرورت ہے؟
3. مجھے زیادہ اسٹریٹجک ہونے کی ضرورت کہاں ہے؟
4. کیا میں نے خاموشی کو سمجھوتہ سمجھ لیا ہے؟
5. کیا میری اندرونی بیعت غیب کے باوجود بھی مضبوط ہے؟

غور سے جواب دیں۔

اعلامیہ

بلند آواز سے کہو:

"میری وفاداری محفوظ ہے، خواہ ظاہر ہو یا غیب۔ میں حکمت کے ساتھ حرکت کروں گا۔ میں مسیح کا انکار نہیں کروں گا، میں بے وقوفی نہیں کروں گا۔ میری وفاداری طے پا گئی ہے۔"

اسے جان بوجھ کر دہرائیں۔

ساختی نماز (35 منٹ)

1. عبادت (10 منٹ)

اپنی عوامی اور نجی زندگی پر مسیح کو رب کے طور پر عزت دیں۔

2. سمجھداری (10 منٹ)

یہ جاننے کے لیے عقل طلب کریں کہ کب بولنا ہے اور کب انتظار کرنا ہے۔

3. ہمت (10 منٹ)

جب نظر آنے کا وقت آئے تو دلیری کے لیے دعا کریں۔

4. تحفظ (5 منٹ)

اپنے آپ کو اور دوسروں کو خدائی غلاف کا پابند بنائیں۔

کے ساتھ بند کریں:

"مجھے عقلمند اور وفادار بنا۔"

ایکشن پوائنٹس

آج آپ کریں گے:

1. ایک ایسے علاقے کی نشاندہی کریں جہاں آپ کو ہمت کی ضرورت ہے۔
2. ایک ایسے علاقے کی نشاندہی کریں جہاں آپ کو تحمل کی ضرورت ہے۔
3. دشمن علاقوں میں مومنین کے لیے جان بوجھ کر دعا کریں۔
4. 2 کنگز 5 اور یوحنا 3 کو آہستہ سے پڑھیں۔
5. تسلسل پر اطاعت کا انتخاب کریں۔

دن 10
جب منافقت آپ کو پیچھے ہٹنا چاہتی ہے۔

کہانی اینکر

ظلم و ستم نے اسے تقریباً ختم نہیں کیا۔
گولیاں نہیں لگیں۔
زہر نہیں کھایا۔

منافقت تقریباً ہو گئی۔

ہتھیار ڈالنے کے بعد۔
زندہ رہنے کے بعد وزارت شروع ہوئی۔

وہ عیسائی جگہوں میں داخل ہوا۔

اسے نظم و ضبط کی توقع تھی۔
وہ دیانتداری کی توقع رکھتا تھا۔ وہ توقع کرتا تھا کہ پریکٹس تبلیغ کے ساتھ ہو۔
اس کے بجائے، اس نے تضاد دیکھا۔
اس نے لیڈروں کو وہ باتیں کرتے دیکھا جو وہ زندہ نہیں رہتے تھے۔
اس نے مادہ کے بغیر روحانی کارکردگی دیکھی۔ اس نے دوہرا معیار دیکھا۔
اس نے واضح طور پر کہا ہے کہ: ایک موسم تھا جب وہ تقریباً اسلام کی طرف لوٹ آیا تھا - اس لیے نہیں کہ اسلام نے اسے دوبارہ قائل کیا، بلکہ اس لیے کہ عیسائیت کے اندر کی منافقت نے اسے نفرت کر دی۔
دباؤ باہر سے نہیں آیا۔
اندر سے آیا تھا۔
یہ زیادہ خطرناک ہے۔

کلام کے اینکرز

عہد نامہ قدیم

”افسوس ان چرواہوں پر جو میری چراگاہ کی بھیڑوں کو تباہ اور پراگندہ کرتے ہیں!“

—یرمیاہ 23:1

قیادت کی ناکامی ایمان کو نقصان پہنچاتی ہے۔

نیا عہد نامہ

"!افسوس تم پر، شریعت کے علمبردارو اور فریسیو، منافقو"
متی 23:27—

منافقت روحانی طور پر زنگ آلود ہے۔

سبق

بہت سے ایماندار ظلم و ستم سے بچ سکتے ہیں۔
بہت کم لوگ مایوسی سے بچتے ہیں۔
بیرونی مخالفت عزم کو مضبوط کرتی ہے۔
اندرونی نفاق اعتماد کو کمزور کرتا ہے۔
اگر آپ لوگوں پر اپنا اعتماد قائم کریں گے تو
لوگ آپ کو غیر مستحکم کر دیں گے۔
اگر آپ مسیح پر اپنا ایمان استوار کرتے ہیں، تو
لوگ آپ کو اکھاڑ نہیں سکتے۔
دوسروں کی ناکامی سچائی کو منسوخ نہیں کرتی۔
قائدین کی عدم مطابقت مسیح کو باطل نہیں کرتی۔
آپ کو فیصلہ کرنا ہوگا:
— کیا منافقت آپ کا بہانہ بن جائے گی
یا آپ کی تطہیر؟

عکاسی کے سوالات

1.کیا کسی کی بے تکلفی نے میرا ایمان کمزور کر دیا ہے؟
2.کیا میں نے خفیہ طور پر دوسروں کی وجہ سے اپنے سمجھوتے کو جائز قرار دیا ہے؟
3.کیا میری بیعت مسیح سے ہے — یا لوگوں سے؟
4.میں مایوسی کی وجہ سے پیچھے ہٹنے کی لالچ میں کہاں ہوں؟
5.کیا میں اس منافقت میں حصہ ڈال رہا ہوں جس پر میں تنقید کرتا ہوں؟

بغیر دفاع کے جواب دیں۔

اعلامیہ

بلند آواز سے کہو:

"میرا ایمان مسیح میں لنگر انداز ہے، لوگوں پر نہیں۔
دوسروں کی ناکامی میری اطاعت کی تعریف نہیں کرے گی۔
میں اپنی زندگی میں منافقت کو مسترد کرتا ہوں۔
میں وفادار رہتا ہوں۔"

اسے آہستہ آہستہ دہرائیں۔

ساختی نماز (40 منٹ)

1. عبادت (10 منٹ)

اپنے ایمان کو صرف مسیح پر مرکوز کریں۔

2. رہائی (10 منٹ)

ان لوگوں کو معاف کریں جن کی عدم مطابقت سے آپ کو تکلیف ہوئی ہے۔

3. تزکیہ (10-15 منٹ)

خدا سے دعا کریں کہ وہ آپ کی اپنی زندگی میں منافقت کو دور کرے۔

4. حل کریں (5 منٹ)

ذاتی سالمیت کا عہد کریں۔

کے ساتھ بند کریں:

"میں زندہ رہوں گا جس کا میں اعلان کروں گا۔"

ایکشن پوائنٹس

آج آپ کریں گے:

1. ایک ایسے شخص کو معاف کر دیں جس کی عدم مطابقت نے آپ کو زخمی کیا ہو۔
2. ایک ایسے علاقے کی نشاندہی کریں جہاں آپ کی مشق آپ کی تبلیغ سے مماثل ہو۔
3. متی 23 کو غور سے پڑھیں۔
4. اپنی زندگی سے ایک دوہرا معیار ہٹا دیں۔
5. اپنی نجی عقیدت کو مضبوط کریں — جو دوسروں کو نظر نہیں آتا۔

دن 11
"ہم بہت دور جا چکے ہیں"

کہانی اینکر

اس کی تبدیلی کے بعد ایک لمحہ تھا۔
وزارت شروع ہونے کے بعد۔
تبلیغ کے بعد۔ نظر آنے والے پھل کے بعد۔

مایوسی پیدا ہوگئی۔

اس نے منافقت دیکھی۔

اس نے تضاد دیکھا۔ اس نے روحانی دوہرے معیار دیکھے۔

اور اندرونی طور پر، اس نے ایک فیصلہ کیا.

وہ لوٹ آتا۔

اس نے اپنے دل میں پہلے سے ہی طے کر لیا تھا کہ وہ جو پیغام دینے والا ہے وہ اس کا آخری پیغام ہوگا۔

اس کے بعد وہ اسلام میں واپس آجائے گا۔

اس نے یہ نتیجہ اخذ کیا تھا کہ جو کچھ اس نے چھوڑا وہ کم از کم نظم و ضبط پر تھا۔

وہ جو داخل ہوا اسے سمجھوتہ محسوس ہوا۔

پھر اس نے اپنے ہوٹل کے کمرے کا دروازہ کھولا۔

اور وہ کہتا ہے کہ عیسیٰ وہاں کھڑا تھا۔

وہ طاقت کے نیچے گرنے کو بیان کرتا ہے۔

اور وہ صاف الفاظ میں بیان کرتا ہے:

"ہم بہت دور جا چکے ہیں۔ واپس جانے میں بہت دیر ہو چکی ہے۔"

وہ لمحہ نجات کے بارے میں نہیں تھا۔

یہ استقامت کے بارے میں تھا۔

تبدیلی کے بارے میں نہیں۔

عزم کے بارے میں۔

ایسے لمحات ہوتے ہیں جب اعتکاف منطقی محسوس ہوتا ہے۔

اور جنت میں خلل پڑتا ہے۔

کلام کے اینکرز

عہد نامہ قدیم

"لوط کی بیوی کو یاد کرو۔"

(لوقا 17:32 (پیدائش 19 کا حوالہ دیتے ہوئے —

پیچھے مڑ کر دیکھنا تقدیر کو تباہ کر سکتا ہے۔

نیا عہد نامہ

کوئی بھی جو ہل پر ہاتھ رکھے اور پیچھے مڑ کر دیکھے وہ خدا کی بادشاہی میں"

"خدمت کے لائق نہیں ہے۔

لوقا 9:62—

ترقی کے لیے پیچھے ہٹنے سے انکار کی ضرورت ہوتی ہے۔

سبق

روحانی اعتکاف شاذ و نادر ہی عوامی سطح پر شروع ہوتا ہے۔

یہ نجی طور پر شروع ہوتا ہے۔

بیرونی طور پر اعلان کرنے سے پہلے آپ اندرونی طور پر فیصلہ کریں۔

مایوسی طاقتور ہے۔

اسی طرح مایوسی ہے۔

لیکن واپسی خطرناک ہے۔

آپ جسمانی طور پر ایمان نہیں چھوڑ سکتے۔

لیکن آپ شدت سے پیچھے ہٹ سکتے ہیں۔

نظم و ضبط میں، عقیدت میں، سنجیدگی میں۔

ایسے لمحات ہوتے ہیں جب خدا کو آپ کے بڑھنے کے فیصلے کا سامنا کرنا پڑتا ہے۔

اور جب وہ کرتا ہے تو آپ کو جواب دینا چاہیے۔

ایک نقطہ ہے جہاں واپس جانا اب کوئی آپشن نہیں ہے۔

کیونکہ حقیقت آشکار ہو چکی ہے۔

کیونکہ ہتھیار ڈالنے کا اعلان ہو چکا ہے۔

کیونکہ بیعت منتقل ہو چکی ہے۔

آپ جو جانتے ہیں اسے آپ نہیں جان سکتے۔

جو کچھ تم نے دیکھا ہے اسے تم غیب نہیں کر سکتے۔

عکاسی کے سوالات

1.میں نے روحانی طور پر پیچھے ہٹنا کہاں سمجھا ہے؟
2.کس مایوسی نے اس سوچ کو جنم دیا؟
3.کیا میں نے خاموشی سے اپنا ضبط کم کر لیا ہے؟
4.فرمانبرداری کے کون سے شعبے میں مجھے الٹنے کا لالچ ہے؟
5.اگر آج یسوع میرے سامنے کھڑا ہوتا تو وہ کس چیز کا سامنا کرے گا؟

ایمانداری سے جواب دیں۔

اعلامیہ

کھڑے ہو کر اعلان کریں:

"مجھے واپس جانے میں بہت دیر ہو چکی ہے۔
میری وفاداری طے پا گئی ہے۔ مایوسی میرے عہد کو ختم نہیں کرے گی۔ جو میں
نے شروع کیا تھا میں اسے ختم کروں گا۔"

اسے مضبوطی سے دہرائیں۔

س اختی نماز (40 منٹ)

(عبادت (10 منٹ .1

مسیح کو اپنے ماضی اور مستقبل پر رب کے طور پر تسلیم کریں۔

(توبہ (10 منٹ .2

بڑھنے کے کسی بھی اندرونی فیصلے کا اعتراف کریں۔

(دوبارہ عہد کرنا (10-15 منٹ .3

زبانی طور پر اپنے عہد کی تجدید کریں۔

(طاقت (5-10 منٹ .4

مایوسی کے تحت ثابت قدمی کے لیے دعا کریں۔

کے ساتھ بند کریں:

"میں اچھی طرح ختم کرتا ہوں۔"

ایکشن پوائنٹس

آج آپ کریں گے:

1.ایک ایسے علاقے کی شناخت کریں جہاں آپ خاموشی سے چلے گئے ہوں۔
2.اس نظم و ضبط کو فوری طور پر بحال کریں۔
3.ایک اثر کو ہٹا دیں جو حوصلہ شکنی کو ہوا دیتا ہے۔
4.لوقا 9:57-62 کو آہستہ سے پڑھیں۔
5.سونے سے پہلے اپنی بیعت کو دوبارہ بلند آواز سے کہیں۔

دن 12
اپنی پوسٹ لیں۔

کہانی اینکر

ایک باپ تھا۔

ساختہ۔
نظم و ضبط سنجیدہ۔ غیر سمجھوتہ۔

ایک ماں تھی۔

تبدیل
خاموش۔برداشت۔اندر تناؤ۔

ایک بھائی تھا۔

سزا یافتہ۔
عوامی.ہدف بنائے گئے.محفوظ.

عیسیٰ تھا۔

عسکریت پسند۔
پریشان۔مقابلہ۔منتقل۔

کہانی اکیلے ایک آدمی کی نہیں ہے۔
یہ عہدوں کے بارے میں ہے۔
ہر شخص کہیں نہ کہیں کھڑا تھا۔
باپ حکم کے لیے کھڑا تھا ۔ یہاں تک کہ جب وہ حکم غلط تھا۔
ماں سزا کے لیے کھڑی ہوئی — ذمہ داری کو ترک کیے بغیر۔ بھائی عوامی طور پر کھڑا ہوا — اور بلیڈ کا سامنا کیا۔
عیسی عسکریت پسندی میں کھڑا ہوا — پھر بعد میں ہتھیار ڈال دیا۔
خاندان منقسم تھا ۔ لیکن پھر بھی جڑا ہوا تھا۔

ہر ایک کی پوسٹ تھی۔
کوئی بھی غیر جانبدار نہیں تھا۔
سوال یہ نہیں ہے کہ آپ کا اثر و رسوخ ہے۔
سوال یہ ہے کہ کیا آپ اپنی مقرر کردہ جگہ پر کھڑے ہیں؟

کلام کے اینکرز

عہد نامہ قدیم

"میں نے اُن میں سے کسی ایسے شخص کو تلاش کیا جو دیوار کو بنائے اور زمین کی طرف سے خلا میں میرے سامنے کھڑا ہو..."

- حزقی ایل 22:30

خدا ایسے لوگوں کو تلاش کرتا ہے جو کھڑے ہونے کے لیے تیار ہوں۔

نیا عہد نامہ

"پس خُدا کے سارے ہتھیار اُٹھا لو، تاکہ بُرے دن کا مقابلہ کر سکو اور سب کچھ کر کے کھڑے رہو۔"

—افسیوں 6:13

ہدایت آسان ہے:

کھڑے ہوں۔

سبق

ہر ماحول میں - خاندان، کام کی جگہ، چرچ، قوم - وہاں پوزیشنیں ہیں.

کچھ تعمیر کرتے ہیں۔

کچھ برداشت کرتے ہیں، کچھ مقابلہ کرتے ہیں، کچھ بچاتے ہیں۔

باپ کا خیال تھا کہ وہ سچائی کی حفاظت کر رہا ہے۔

ماں کو یقین تھا کہ وہ سچائی کو بچا رہی ہے۔ بھائی نے سچ کا اعلان کرنے کا انتخاب کیا۔ عیسیٰ کو فیصلہ کرنا تھا کہ کون سا عہدہ سنبھالنا ہے۔

کھڑے رہنا مہنگا ہے۔

لیکن بہنا تباہ کن ہے۔

اگر چوکیدار اپنا عہدہ چھوڑ دیں تو

نظام تباہ ہو جاتا ہے۔

اگر ماں باپ اپنا عہدہ چھوڑ دیں تو

گھر کمزور ہو جاتے ہیں۔

اگر مومن اپنے عہدے کو چھوڑ دیں تو

سمجھوتہ پھیل جاتا ہے۔

چوکیدار کا مینڈیٹ صرف مبلغین کے لیے نہیں ہے۔

یہ ہر مومن کے لیے ہے۔

آپ کے پاس ایک پوسٹ ہے۔

کیا آپ نے اس کی نشاندہی کی ہے؟

عکاسی کے سوالات

1. میری موجودہ پوسٹ کیا ہے — میرے خاندان، چرچ، کام کی جگہ میں؟

2. کیا میں اس پوزیشن پر وفاداری سے کھڑا ہوں؟

3.میں نے اپنی پوسٹ کو جذباتی یا روحانی طور پر کہاں چھوڑا ہے ؟
4.اگر میں اپنے عہدے سے غائب ہوں تو کیا کمزور ہو جاتا ہے ؟
5.جہاں خدا نے مجھے رکھا ہے وہاں رہنے کے لیے مجھے کس تناؤ کو برداشت کرنا ہوگا؟

غور سے جواب دیں۔

اعلامیہ

کھڑے ہو کر اعلان کریں:

"میں اپنا عہدہ نہیں چھوڑوں گا،
میں وہیں کھڑا رہوں گا جہاں اللہ نے مجھے رکھا ہے۔ میں دباؤ میں نہیں آؤں گا،
میں اپنی ذمہ داری پوری ایمانداری سے کروں گا۔"

اسے جان بوجھ کر دہرائیں۔

ساختی نماز (40 منٹ)

1. عبادت (10 منٹ)

خدا کو اس شخص کے طور پر عزت دیں جو عہدوں کو تفویض کرتا ہے۔

2. صف بندی (10 منٹ)

اپنی پوسٹ کے بارے میں وضاحت طلب کریں۔

3. طاقت (10-15 منٹ)

جہاں آپ کو بلایا جاتا ہے وہاں رہنے کے لیے برداشت کی دعا کریں۔

4. شفاعت (5 منٹ)

اپنے خاندان کے افراد کے لیے دعا کریں — مومنوں اور کافروں۔

کے ساتھ بند کریں:

"مجھے ایک وفادار چوکیدار بنا۔"

ایکشن پوائنٹس

آج آپ کریں گے:

1.اپنی ذمہ داری کا بنیادی دائرہ لکھیں۔
2.ایک ایسے شعبے کی نشاندہی کریں جہاں آپ کو نظم و ضبط کو مضبوط کرنا ہوگا۔
3.روحانی سمت کے بارے میں اپنے خاندان میں ایک جان بوجھ کر گفتگو کریں۔
4.خاص طور پر منقسم خاندان کے افراد کے لیے دعا کریں۔
5.کسی ایسے عمل سے انکار کریں جس سے آپ کا اثر کمزور ہو۔

دن 13
ایک ہی میز پر کھانا

کہانی اینکر

تمام خاندان نے مذہب تبدیل نہیں کیا۔
کچھ مسلمان ہی رہے۔
کچھ عیسائی ہو گئے۔
وہ گھر جس میں کبھی ایک مذہبی تال مشترک تھا اب اس میں دو ہیں۔
اور پھر بھی۔
وہ اب بھی ساتھ کھاتے تھے۔
یہ تفصیل طاقتور ہے۔

یقین بدل گیا۔
بیعت بدل گئی، عقیدہ تقسیم ہو گیا۔

لیکن رشتہ مکمل طور پر نہیں ٹوٹا۔
بہت سے ماحول میں، تبدیلی مستقل فریکچر پیدا کرتی ہے۔
اس صورت میں، کشیدگی موجود تھی - لیکن کنکشن بچ گیا.
یہ پختگی ہے۔

بیعت بدل گئی۔
لیکن نفرت پر قبضہ نہیں ہوا۔

ایمان ظلم نہیں بن گیا۔
حق دشمنی نہیں بنی۔
انہوں نے کھانا بانٹ لیا۔
اور کھانے کی اہمیت ہے۔

میزیں تعلقات کی نمائندگی کرتی ہیں۔
رسائی۔گفتگو۔انسانی وقار۔
آپ گہرا اختلاف کر سکتے ہیں — اور پھر بھی کسی کے ساتھ احترام کے ساتھ پیش آتے ہیں۔

کلام کے اینکرز

عہد نامہ قدیم

"اگر یہ ممکن ہے، جتنا آپ پر منحصر ہے، تمام مردوں کے ساتھ امن سے رہو۔"
(حکمت کی روایت میں لنگر انداز OT اصول پورے امثال میں جھلکتا ہے؛) —
امن ہتھیار ڈالنے کا نام نہیں ہے۔
یہ نظم و ضبط ہے۔

نیا عہد نامہ

"اگر یہ ممکن ہے، جہاں تک یہ آپ پر منحصر ہے، سب کے ساتھ امن سے رہو۔"
رومیوں 12:18—
سمجھوتہ نہیں۔
امن۔

سبق

کچھ مومنین علیحدگی کو تقدس کے ساتھ الجھاتے ہیں۔
دوسرے امن کے ساتھ سمجھوتہ کو الجھاتے ہیں۔
لیکن ایک تیسرا طریقہ ہے:
دشمنی کے بغیر یقین۔
آپ کر سکتے ہیں:

- سچ کو مضبوطی سے پکڑو۔
- سمجھوتہ سے انکار۔
- رشتے میں رہیں۔
- وقار دکھائیں۔
- حدود کو برقرار رکھیں۔

میز کی توثیق نہیں ہے۔
یہ انسانیت ہے۔
اگر مسیح نے گناہ کو منظور کیے بغیر گنہگاروں کے ساتھ کھانا کھایا، تو
آپ سزا کے حوالے کیے بغیر ایک میز پر بیٹھ سکتے ہیں۔
منقسم گھروں کو روحانی پختگی کی ضرورت ہوتی ہے۔
آپ سب کو نہیں بدل سکتے۔
لیکن آپ فیصلہ کر سکتے ہیں کہ آپ کیسا برتاؤ ہے۔

عکاسی کے سوالات

1.کیا میں نے یقین کو جارحیت کے ساتھ الجھا دیا ہے؟
2.کیا میں نے غیر ضروری طور پر رشتوں سے کنارہ کشی اختیار کر لی ہے؟
3.مجھے صحت مند حدود کی ضرورت کہاں ہے؟
4.کیا میں دشمنی کے بغیر سچ کو پکڑ سکتا ہوں؟
5.کیا کوئی ایسا ہے جس کی مجھے رشتہ داری سے دوبارہ رجوع کرنے کی ضرورت ہے؟

ایمانداری سے جواب دیں۔

اعلامیہ

بلند آواز سے کہو:

میرا یقین نفرت پیدا نہیں کرے گا۔"
میں دشمنی کے بغیر ثابت قدم رہوں گا۔ میں دوسروں کے ساتھ عزت سے پیش آؤں "گا۔ میری زندگی میں سچائی اور محبت ایک ساتھ رہیں گے۔

اسے آہستہ آہستہ دہرائیں۔

ساختی نماز (35 منٹ)

1. عبادت (10 منٹ)

امن کے شہزادے کے طور پر مسیح کی عزت کریں۔

2. شفاعت (10 منٹ)

منقسم خاندان کے افراد کے لیے دعا کریں۔

3. حکمت (10 منٹ)

تناؤ کو سنبھالنے میں پختگی کی درخواست کریں۔

4. تحفظ (5 منٹ)

بغیر کسی سمجھوتے کے اتحاد کی دعا کریں۔

کے ساتھ بند کریں:

"مجھے کھڑے ہونا اور پیار کرنا سکھاؤ۔"

ایکشن پوائنٹس

آج آپ کریں گے:

1.ایک ایسے شخص تک پہنچیں جس سے آپ متفق نہیں ہیں احترام کے ساتھ
2.ایک غیر ضروری بحث سے گریز کریں۔
3.جواب دینے سے پہلے سننے کی مشق کریں۔
4.رومیوں 12 کو بلند آواز سے دعا کریں۔

5.جہاں ممکن ہو امن کا انتخاب کریں۔

دن 14
جب اتھارٹی میں وحی کی کمی ہوتی ہے۔

کہانی اینکر

ا یک باپ تھا۔

ساختہ۔

نظم و ضبط ایمان کے بارے میں سنجیدہ۔

اس نے عام بچوں کی پرورش نہیں کی۔

اس نے نظم و ضبط رکھنے والوں کی پرورش کی۔

نماز کا نفاذ ہوا۔

مذہبی معمولات میں تسلسل تھا' حکم کا احترام کیا جاتا تھا۔

اسے یقین تھا کہ وہ سچائی کی حفاظت کر رہا ہے۔

اسے یقین تھا کہ وہ اپنے گھر کی حفاظت کر رہا ہے۔ اسے یقین تھا کہ وہ میراث کی حفاظت کر رہا ہے۔

جب تبدیلی گھر میں داخل ہوئی تو اس نے سخت ردعمل کا اظہار کیا۔

اس کے نزدیک یہ دھوکہ تھا۔

اس کے لیے یہ بے عزتی تھی، اس کے لیے یہ بغاوت تھی۔

اس گھر میں اٹھی ہوئی تلوار محض غصہ نہیں تھی۔

یہ وحی کے بغیر یقین تھا۔

اس کی ساخت تھی۔

لیکن اس کے پاس روشنی کی کمی تھی۔

اس کے پاس اختیار تھا۔

لیکن اس کے پاس تبدیلی کی کمی تھی۔

اور وحی کے بغیر اختیار خطرناک ہو سکتا ہے۔

کلام کے اینکرز

عہد نامہ قدیم

ایک راستہ ایسا ہے جو انسان کو صحیح لگتا ہے، لیکن اس کا انجام موت کا راستہ ہے۔"

امثال 14:12—

اخلاص درستی کے برابر نہیں ہے۔
نیا عہد نامہ
کیونکہ میں اُن کی گواہی دیتا ہوں کہ وہ خُدا کے لیے جوش رکھتے ہیں لیکن علم" "کے مطابق نہیں۔
رومیوں 10:2—

وحی کے بغیر جوش طاقت کو غلط سمت دیتا ہے۔
سبق
یہ دن باپوں کی مذمت کرنے کا نہیں ہے۔
یہ اثر و رسوخ کو سمجھنے کے بارے میں ہے۔
کہانی میں باپ غیر فعال نہیں تھا۔
وہ سنجیدہ تھا۔
لیکن وحی کے بغیر سنجیدگی نقصان پہنچا سکتی ہے۔
ساخت طاقتور ہے۔
نظم و ضبط شناخت کو تشکیل دیتا ہے۔
اتھارٹی ذہنوں کو تشکیل دیتی ہے۔

لیکن اگر بنیاد ہی غلط ہو تو
تشکیل تباہ کن ہو جاتی ہے۔

باپوں کی شکل کی رفتار۔
رہنما سمت کی تشکیل کرتے ہیں۔
حکام بالا کو جانچنا چاہیے:

— کیا میرا یقین وحی سے جڑا ہوا ہے
یا وراثت میں ملی روایت؟
— کیا میرا اختیار زندگی کی تعمیر کر رہا ہے
یا انا کا دفاع کر رہا ہے؟
— کیا میرا نظم و ضبط صداقت پیدا کر رہا ہے
یا خوف؟

اتھارٹی غیر جانبدار نہیں ہے۔
یہ جو لے جاتا ہے اسے ضرب دیتا ہے۔
عکاسی کے سوالات

1. میں کسی کی زندگی میں اختیار کہاں رکھتا ہوں؟
2. کیا میری قیادت کی جڑیں سچائی پر ہیں یا فخر؟
3. کیا میں نے وحی سے زیادہ روایت کا دفاع کیا ہے؟
4. کیا میرا نظم و ضبط محبت پیدا کرتا ہے یا دھمکی؟

5.کن عقائد کا میں نے کبھی گہرائی سے جائزہ نہیں لیا؟

بغیر دفاع کے جواب دیں۔
اعلامیہ
بلند آواز سے کہو:
میں وحی کی تلاش کروں گا، نہ صرف روایت۔"
میرا اختیار سچائی کی عکاسی کرے گا۔ میرا نظم و ضبط زندگی کو جنم دے گا۔
"میں اندھے جوش کو رد کرتا ہوں، میں روشنی کا پیچھا کرتا ہوں۔
اسے جان بوجھ کر دہرائیں۔
ساختی نماز (40 منٹ)

1. عبادت (10 منٹ)
خدا کو حتمی اختیار کے طور پر عزت دیں۔
2. توبہ (10 منٹ)
فخر یا غیر جانچ شدہ روایت کا اعتراف کریں۔
3. روشنی (10-15 منٹ)
وحی اور تفہیم کے لئے پوچھیں۔
4. دوبارہ ترتیب دینا (5-10 منٹ)
خدا کی سچائی پر اپنا اثر و رسوخ ڈالیں۔

کے ساتھ بند کریں:
"میری قیادت کو روشنی میں جڑنے دو۔"
ایکشن پوائنٹس
آج آپ کریں گے:

1.ایک عقیدہ کی جانچ کریں جو آپ کو بغیر کسی سوال کے وراثت میں ملا ہے۔
2.مفروضے پر بھروسہ کرنے کے بجائے ایک صحیفے کا گہرائی سے مطالعہ کریں۔
3.اگر آپ کی اتھارٹی نے کسی کو زخمی کیا ہے تو معافی مانگیں۔
4.والد اور قائدین کے لیے دعا کریں۔
5.سچائی اور عاجزی کے ساتھ رہنمائی کرنے کا عہد کریں۔

دن 15
خاموش یقین کی طاقت

کہانی اینکر

و

ہ مذہب تبدیل کرنے والی پہلی تھیں۔
اس کے بیٹے نہیں۔
عوامی مبلغ نہیں۔

اس کے

ایک منظم اسلامی گھر کے اندر۔
ایک نظم و ضبط والے شوہر کے تحت۔ مذہبی ماحول کے اندر جو انحراف کو برداشت نہیں کرتا تھا۔
اس نے نکاح نہیں چھوڑا۔
اس نے گھر نہیں چھوڑا، اس نے انتقامی کارروائی نہیں کی۔
وہ رہ گئی۔

اس نے دعا کی۔
اس نے برداشت کیا۔ اس نے تناؤ کو جذب کیا۔
اس کی تبدیلی بلند آواز میں نہیں تھی۔
یہ رہتا تھا۔
اس کے بیٹے دیکھ رہے تھے۔
اس کے شوہر نے ردعمل ظاہر کیا۔ گھر بدل گیا۔
لیکن وہ کھڑا رہا۔
تاریخ اکثر مرئی مبلغ کو نمایاں کرتی ہے۔
لیکن آسمان اکثر پوشیدہ شفاعت کرنے والے کو نشان زد کرتا ہے۔
عوامی ہتھیار ڈالنے سے پہلے،
نجی نماز ہوتی تھی۔

کلام کے اینکرز

عہد نامہ قدیم

"حنا نے اپنے دل میں کہا؛ صرف اس کے ہونٹ ہلے، لیکن اس کی آواز نہیں سنی گئی۔"

—1 سموئیل 1:13

خاموش دعا نسلوں کو بدل سکتی ہے۔

نیا عہد نامہ

"ایک نیک آدمی کی مؤثر، پرجوش دعا بہت فائدہ مند ہے."

—یعقوب ۵:۱۶

شفاعت نادیدہ حقائق کو منتقل کرتی ہے۔

سبق

تمام طاقت بلند نہیں ہوتی۔

کچھ انتہائی طاقتور روحانی حرکتیں ایک شخص کے نماز ترک کرنے سے انکار کے ساتھ شروع ہوتی ہیں۔

ماں روزانہ دینیات پر بحث نہیں کرتی تھی۔
وہ مجسم یقین.
اس نے تبدیلی پر مجبور نہیں کیا۔
وہ اسے لے گئی۔

اس کی طاقت مستقل مزاجی تھی۔
بہت سے مومن ظاہر اثر چاہتے ہیں۔
بہت کم لوگ خاموش برداشت کرنے کو تیار ہیں۔

نماز کمزوری نہیں ہے۔
یہ جنگ ہے۔
برداشت غیر فعالی نہیں ہے۔
یہ تحمل کے تحت طاقت ہے۔
اگر وہ جارحانہ انداز میں رد عمل ظاہر کرتی تو
گھر مستقل طور پر ٹوٹ سکتا تھا۔

اس کے بجائے، اس نے حکمت عملی سے برداشت کیا۔

عکاسی کے سوالات

1. خدا نے مجھے فرار کے بجائے برداشت کرنے کے لیے کہاں بلایا ہے؟
2. کیا میری نماز کی زندگی مستقل ہے یا رد عمل؟
3. کیا میں مشکل ماحول کو بہت جلد چھوڑ دیتا ہوں؟
4. کیا میں نے خاموش وفاداری کی طاقت کو کم سمجھا ہے؟
5. میری مستقل مزاجی سے نسل پر کیا اثر پڑ سکتا ہے؟

آہستہ سے جواب دیں۔

اعلامیہ

بلند آواز سے کہو:

میری مستقل مزاجی طاقت رکھتی ہے۔"

میری دعائیں رائیگاں نہیں جاتیں۔ میں تلخی کے بغیر برداشت کروں گا۔ میں طاقت کے بغیر اثر کروں گا۔ میرا ایمان مستحکم رہے گا۔"

اسے سکون سے دہرائیں۔

ساختی نماز (40 منٹ)

1. عبادت (10 منٹ)

خدا کو اس طرح عزت دو جو چھپ کر دیکھتا ہے۔

2. شفاعت (15 منٹ)

اپنے گھر والوں اور آنے والی نسلوں کے لیے دعا کریں۔

3. طاقت (10 منٹ)

مشکل جگہوں میں برداشت کے لیے پوچھیں۔

4. ہتھیار ڈالنا (5 منٹ)

بے صبری اور مایوسی کو چھوڑ دیں۔

کے ساتھ بند کریں:

"مجھے خاموش وفاداری میں مضبوط کرو۔"

ایکشن پوائنٹس

آج آپ کریں گے:

1.اپنے خاندان کے لیے 20 منٹ کی بلاتعطل دعائیں مختص کریں۔
2.اپنے گھر میں ایک رجعتی عادت کو ہٹا دیں۔
3.ان لوگوں کے نام لکھیں جن کی آپ روزانہ شفاعت کریں گے۔
4.تناؤ کے اندر احسان کا ایک عمل منتخب کریں۔
7.5 دن کی مستقل شفاعت کا عہد کریں۔

دن 16

جب سزا آپ کو سب سے پہلے مہنگی پڑتی ہے۔

کہانی اینکر

عیسٰی نے عوامی طور پر ہتھیار ڈالنے سے پہلے، اس کا بڑا بھائی پہلے ہی حد عبور کر چکا تھا۔

اس کا نام بتایا گیا۔

اس کا موقف نظر آ رہا تھا؛ اس کا یقین ڈھکا چھپا نہیں تھا۔

جب اس نے اپنے ایمان کا اعلان کیا تو کشیدگی پھٹ گئی۔

ردعمل صرف زبانی نہیں تھا۔

ایک تلوار اٹھا لی گئی۔

ہڑتال کا مقصد قتل کرنا تھا۔

یہ علامتی غصہ نہیں تھا۔

یہ پھانسی کی سطح کی سنجیدگی تھی۔

لیکن ہڑتال کبھی نہیں اتری۔

بلیڈ اس تک پہنچنے سے پہلے اسے جسمانی طور پر اس جگہ سے کسی اور قریبی جگہ پر منتقل کر دیا گیا تھا۔

بعد میں اس نے گواہی دی کہ وہ مافوق الفطرت طور پر منتقل ہو گیا تھا۔

اس لمحے نے سب کچھ بدل دیا۔

سزا نے تشدد کو جنم دیا تھا۔

تحفظ کا مقصد ظاہر کیا۔

وہ نہیں مرا۔

اس نے انکار نہیں کیا۔

وہ پیچھے نہیں ہٹا۔

برسوں بعد، وہ وزارت کی قیادت میں خدمات انجام دیں گے۔

تبدیلی کے لیے تقریباً مارا جانے والا چرواہا بن گیا۔

پہلا یقین۔

پھر دھمکی۔ پھر تحفظ پھر کال۔

کلام کے اینکرز
عہد نامہ قدیم
جب انہوں نے اسے آگ میں پھینکا... آگ نے ان کے جسموں کو نقصان نہیں "پہنچایا."

— دانی ایل 3:27

تحفظ تفویض کی تصدیق کرتا ہے۔

نیا عہد نامہ
"اُنہوں نے اُن کو بُلا کر حکم دیا کہ ہر گز نہ بولیں... لیکن پطرس اور یوحنا نے جواب دیا، 'ہم بول نہیں سکتے۔"

-- اعمال 4:18-20-

سزا دھمکی میں بھی بولتی ہے۔

سبق
ہر خاندان میں کوئی نہ کوئی پہلا ہوتا ہے۔

سب سے پہلے کھڑے ہونا۔
سب سے پہلے بولنا، سب سے پہلے ردعمل کو جذب کرنا۔
پہلا اکثر سب سے زیادہ مزاحمت کا شکار ہوتا ہے۔
لیکن وہ دوسروں کے لیے رکاوٹ بھی توڑ دیتے ہیں۔
اس کا موقف عیسیٰ کے ہتھیار ڈالنے سے پہلے تھا۔
اس کا تحفظ خاموش گواہ بن گیا۔
آپ کی ہمت کسی اور کی تبدیلی کا راستہ تیار کر سکتی ہے۔
اگر وہ پیچھے ہٹ جاتا تو
خوف بڑھ جاتا۔
اگر وہ باز آجاتا تو
حق کے خلاف اقتدار مضبوط ہوتا۔

لیکن وہ کھڑا رہا۔
عوامی یقین مہنگا پڑتا ہے۔
لیکن یہ اتپریرک ہے۔

عکاسی کے سوالات

1.کیا میں فرمانبرداری میں پہلا بننے کے لیے تیار ہوں؟
2.میں نے نظر آنے والے یقین سے کہاں گریز کیا ہے؟
3.کیا میری خاموشی نے کسی اور کی ہمت کو سست کر دیا ہے؟
4.کون سا خوف مجھے عوامی طور پر کھڑے ہونے سے روکتا ہے؟

5.اگر تحفظ اطاعت کی پیروی کرتا ہے، تو خدا مجھ میں کیا حفاظت کر رہا ہے؟

ایمانداری سے جواب دیں۔

اعلامیہ

بلند آواز سے کہو:

"میں کھڑا رہوں گا چاہے میں پہلے کھڑا ہو جاؤں،
میں خطرے میں پیچھے نہیں ہٹوں گا۔ میری اطاعت دوسروں کے لیے راستہ تیار کرتی ہے۔ اللہ جو مقرر کرتا ہے اسے محفوظ رکھتا ہے۔"

اسے مضبوطی سے دہرائیں۔

ساختی نماز (40 منٹ)

1. عبادت (10 منٹ)

خدا کو محافظ اور محافظ کے طور پر عزت دو۔

2. ہمت (10-15 منٹ)

عوامی طور پر کھڑے ہونے کے لیے طاقت مانگیں۔

3. تحفظ (10 منٹ)

مرئی اطاعت پر الہی احاطہ کے لیے دعا کریں۔

4. شفاعت (5 منٹ)

کسی ایسے شخص کے لیے دعا کریں جسے ہمت کی ضرورت ہو۔

کے ساتھ بند کریں:

"میں بغیر کسی خوف کے کھڑا ہوں۔"

ایکشن پوائنٹس

آج آپ کریں گے:

1.ایک ایسے علاقے کی نشاندہی کریں جہاں آپ کو مثال کے طور پر رہنمائی کرنی چاہیے۔
2.فرمانبرداری کا ایک واضح قدم اٹھاؤ۔
3.کسی کو کھڑے ہونے میں ہچکچاہٹ کی حوصلہ افزائی کریں۔
4.ڈینیل 3 کو آہستہ سے پڑھیں۔
5.خوف سے چلنے والی خاموشی سے انکار کریں۔

دن 17
جب وحی کافی نہیں ہے۔

کہانی اینکر

م

یدوگوری میں، کچھ ایسا ہوا جو عام وضاحت کے قابل نہیں تھا۔
اس نے بیان کیا کہ لیا جا رہا ہے - جہنم دکھایا گیا ہے۔
اس نے لوگوں کو پہچان لیا۔

مجرم نہیں۔
اجنبی نہیں۔

اساتذہ۔
اسلامی اسکالرز۔
محترم مرد۔
مردوں کو اس نے عزت دی تھی۔
مرد جن پر اس نے یقین کیا تھا وہ نیک تھے۔
اس نے عذاب دیکھا۔
پھر اس نے جنت کو دیکھا۔

آرڈر
روشنی۔امن۔

وہ اس تصادم سے لرز اٹھا۔
لیکن اس نے ہتھیار نہیں ڈالے۔
وحی نے اسے پریشان کر دیا۔
اس نے ابھی تک اسے تبدیل نہیں کیا تھا۔
یہ پوری کہانی میں سب سے زیادہ سنجیدہ سچائیوں میں سے ایک ہے۔
- آپ روحانی حقیقت کو دیکھ سکتے ہیں
اور پھر بھی مزاحمت کر سکتے ہیں۔
- آپ الہی نمائش کا سامنا کر سکتے ہیں
اور پھر بھی اطاعت میں تاخیر کر سکتے ہیں۔
معلومات تبدیلی کی ضمانت نہیں دیتی۔

کلام کے اینکرز

عہد نامہ قدیم

"بلعام نے دیکھا... خداوند کا فرشتہ راستے میں کھڑا ہے... پھر بھی اس کا دل اجر
پر قائم تھا۔"

— (نمبر 22:31–32 (سیاق و سباق

دیکھنا ہمیشہ خواہش نہیں بدلتا۔

نیا عہد نامہ

"یہاں تک کہ جب یسوع نے ان کی موجودگی میں بہت سارے نشانات دکھائے
تھے، تب بھی وہ اس پر ایمان نہیں لائیں گے۔"

یوحنا 12:37—

معجزے سخت مرضی کو زیر نہیں کرتے۔

سبق

بہت سے لوگ وحی مانگتے ہیں۔
بہت کم لوگ اس کا جواب دیتے ہیں۔

:آپ کہہ سکتے ہیں
"اگر میں نے کوئی طاقتور چیز دیکھی تو میں بدل جاؤں گا۔"
لیکن دل تجربے سے زیادہ گہرا ہے۔

وحی بے نقاب کرتی ہے۔
مرضی فیصلہ کرتی ہے۔

آپ کو پہلے ہی معلوم ہوسکتا ہے:

- سمجھوتہ کے نتائج۔
- گناہ کی قیمت۔
- اطاعت کی عجلت۔
- ابدیت کی حقیقت۔

لیکن ہتھیار ڈالے بغیر علم بوجھ بن جاتا ہے۔
نمائش اور اطاعت کے درمیان ایک خطرناک جگہ ہے۔
،آپ جتنی دیر وہاں رہیں گے
اتنا ہی مشکل ہتھیار ڈالتا جائے گا۔

عکاسی کے سوالات

1.ابدیت کے بارے میں میں نے کون سی سچائیاں سنی ہیں لیکن ان پر عمل

نہیں کیا؟
2.میں نے کہاں یقین کا تجربہ کیا ہے لیکن جواب میں تاخیر ہوئی ہے؟
3.کیا میں اطاعت کے بجائے تجربات پر بھروسہ کرتا ہوں؟
4.میں نے کس وحی کو نظر انداز کیا ہے؟
5.اگر میں آج مر گیا تو کیا میری بیعت ہو جائے گی؟

سنجیدگی سے جواب دیں۔

اعلامیہ

کھڑے ہو کر اعلان کریں:

وحی مجھے فرمانبرداری کی طرف لے جائے گی۔"
میں ہتھیار ڈالنے میں دیر نہیں کروں گا، میں اپنے دل کو سخت نہیں کروں گا، جو
"خدا مجھے دکھائے گا، میں اس پر عمل کروں گا۔

اسے آہستہ آہستہ دہرائیں۔

ساختی نماز (40 منٹ)

1. تعظیم (10 منٹ)

ابدیت کی حقیقت پر غور کریں۔

2. اعتراف (10 منٹ)

فرمانبرداری میں مخصوص تاخیر کا نام دیں۔

3. ہتھیار ڈال دیں (10-15 منٹ)

دوبارہ مسیح کو اپنی مرضی پوری طرح پیش کریں۔

4. صف بندی (5 منٹ)

نرم، جوابدہ دل کے لیے پوچھیں۔

کے ساتھ بند کریں:

"میرا دل نرم رہتا ہے۔"

ایکشن پوائنٹس

آج آپ کریں گے:

1.ایک سچ لکھیں جس پر عمل کرنے میں آپ نے تاخیر کی ہے۔
2.فرمانبرداری کی طرف فوری طور پر ایک قدم اٹھائیں۔
3.سنجیدگی کی علامت کے طور پر ایک خلفشار سے روزہ رکھنا۔
4.جان 12 کو آہستہ سے پڑھیں۔
5.ابدیت پر خاموشی سے عکاسی کرتے ہوئے 5 منٹ گزاریں۔

دن 18
جب آپ کا سرپرست گر جاتا ہے۔

کہانی اینکر

امام کوئی اجنبی نہیں تھا۔
وہ دور نہیں تھا۔
وہ بچپن کے استاد تھے۔

اس نے اسے صحیفہ سکھایا۔
اس نے اسے نظم و ضبط سکھایا؛ اس نے اسے گہرا علم سکھایا؛ اس نے اسے اعلی درجے کی روحانی طریقوں سے متعارف کرایا؛ اس نے اختیار کے بارے میں اس کی سمجھ کو تشکیل دیا۔

ٹرسٹ پہلے بنایا گیا تھا۔
احترام گہرا تھا۔
وفاداری مضبوط تھی۔
پھر تصادم ہوا۔
اس نے بیان کیا کہ اس ملاقات میں، اس نے آسمان سے آگ کو اترتے دیکھا۔
اور امام کو مارا گیا۔

وہ شخص جس نے اس کی تربیت کی۔
جس اتھارٹی کو اس نے عزت دی، وہ استاد جس نے اسے شکل دی۔
چلا گیا
وہ لمحہ صرف موت کا نہیں تھا۔
یہ گرنے کے بارے میں تھا۔

جب آپ کی تشکیل کردہ چیز گر جاتی ہے تو
آپ کو انتخاب کرنے پر مجبور کیا جاتا ہے۔
— کیا آپ وفاداری سے چمٹے رہیں گے
یا وحی کا جواب دیں گے؟

سرپرست سے ٹوٹنا ہلکا نہیں ہے۔

یہ جذباتی ہے۔

یہ پریشان کن ہے۔ یہ دھوکہ دہی کی طرح محسوس ہوتا ہے۔
لیکن بعض اوقات خدا اس اختیار کا سامنا کرتا ہے جس نے آپ کو تشکیل دیا
تاکہ آپ کی بیعت پوری طرح سے منتقل ہو جائے۔

کلام کے اینکرز

عہد نامہ قدیم

"جب ایلیاہ اس کے پاس سے گزرا تو الیشع نے بیلوں کو ذبح کیا... ہل چلانے کے سامان کو جلایا... اور ایلیاہ کے پیچھے ہو لیا۔"
—1 سلاطین 19:21

منتقلی کے لیے علیحدگی کی ضرورت ہوتی ہے۔

نیا عہد نامہ

"جو شخص میرے باپ یا ماں سے زیادہ محبت کرتا ہے وہ میرے لائق نہیں ہے۔"
—متی 10:37

بیعت کو ملحقہ کو پیچھے چھوڑنا چاہیے۔

سبق

سرپرست شناخت کو تشکیل دیتے ہیں۔
روحانی باپ عالمی نظریہ کو تشکیل دیتے ہیں۔
اساتذہ یقین کی شکل دیتے ہیں۔
لیکن کوئی بھی رہنما سچائی کو آگے نہیں بڑھاتا۔
وفاداری اس وقت خطرناک ہو جاتی ہے جب یہ وحی کو زیر کر لیتی ہے۔
وراثتی نظام سے ٹوٹنا اندرونی طور پر پرتشدد محسوس کر سکتا ہے۔
آپ واقفیت کھو دیتے ہیں۔
آپ ساخت کھو دیتے ہیں۔ آپ منظوری کھو دیتے ہیں۔
آپ کو غم بھی ہو سکتا ہے۔
لیکن ترقی کے لیے اس سے لاتعلقی کی ضرورت ہوتی ہے جو اب درست نہیں ہے۔
آگ جس نے سرپرست کو مارا وہ صرف تباہی کے بارے میں نہیں تھا۔
یہ نمائش کے بارے میں تھا۔
خدا کبھی کبھی اس اختیار کو ختم کر دیتا ہے جس پر آپ انحصار کرتے تھے۔
— آپ کو تباہ کرنے کے لیے نہیں
بلکہ آپ کو آزاد کرنے کے لیے۔

عکاسی کے سوالات

1.میری روحانی شناخت کو سب سے زیادہ کس نے بنایا ہے؟
2.کیا میں نے کسی مرشد کو سچائی سے بلند کیا ہے؟
3.ان نظاموں کا کہاں دفاع کروں جن کا میں نے کبھی معائنہ نہیں کیا؟

4.میں کس اتھارٹی سے سوال کرنے سے ڈرتا ہوں؟
5.کیا میری وفاداری مسیح کے ساتھ ہے — یا کسی شخصیت کے ساتھ؟

غور سے جواب دیں۔

اعلامیہ

بلند آواز سے کہو:

"میری وفاداری سب سے بڑھ کر مسیح کے ساتھ ہے۔
کوئی رہنما سچائی سے بالاتر نہیں ہے۔ میں غلط وفاداری چھوڑتا ہوں۔ میں روایت پر وحی کا انتخاب کرتا ہوں۔"

اسے آہستہ آہستہ دہرائیں۔

ساختی نماز (40 منٹ)

1. تعظیم (10 منٹ)

مسیح کو حتمی اختیار کے طور پر عزت دیں۔

2. رہائی (10-15 منٹ)

کسی بھی غلط وفاداری کا نام دیں اور اسے سپرد کریں۔

3. شفا یابی (10 منٹ)

جہاں علیحدگی کو نقصان پہنچا ہے وہاں جذباتی وضاحت کے لیے دعا کریں۔

4. صف بندی (5 منٹ)

مسیح کو اپنے واحد رب کے طور پر دوبارہ تصدیق کریں۔

کے ساتھ بند کریں:

"میری وفاداری طے پا گئی ہے۔"

ایکشن پوائنٹس

آج آپ کریں گے:

1.بغیر امتحان کے وراثت میں ملنے والے ایک عقیدے کی شناخت کریں۔
2.اس مسئلے پر پاک کلام کا آزادانہ مطالعہ کریں۔
3.کسی شخصیت پر غیر صحت بخش انحصار کو دور کریں۔
4.روحانی وضاحت کے لیے دعا کریں۔
5.مسیح کے ساتھ اپنے براہ راست تعلق کو مضبوط کریں۔

دن 19

جب جنت حرکت کرتی ہے ۔ لیکن صرف ایک ہی جواب دیتا ہے۔

کہانی اینکر

آگ لگ گئی۔
سرپرست کو مارا گیا۔
وہاں موجود لوگوں نے کچھ دیکھا۔
لیکن انہوں نے وہ نہیں دیکھا جو اس نے دیکھا۔
کچھ نے صرف سوجے ہوئے زخم دیکھے۔
کچھ نے چوٹ دیکھی۔
کچھ نے نتیجہ دیکھا۔
لیکن اس نے خدائی رکاوٹ کو دیکھا۔

ایک ہی واقعہ۔
مختلف ادراک، مختلف نتیجہ۔

آگ کو دیکھنے والے سب نے توبہ نہیں کی۔
ہر کوئی تبدیل نہیں ہوا۔
لیکن ایک آدمی نشان زد تھا۔
آگ بھیڑ کے لیے نہیں تھی۔
یہ اس کے لیے تھا۔
اکثریت کے ووٹ سے جنت نہیں چلتی۔
آسمان تفویض سے چلتا ہے۔
کلام کے اینکرز
عہد نامہ قدیم

"...تب خُداوند نے ایوب کو آندھی سے جواب دیا"
ایوب 38:1—

جب خدا بولتا ہے تو یہ عوامی ہونے سے پہلے ذاتی ہوتا ہے۔

نیا عہد نامہ

اور اچانک آسمان سے ایک روشنی اُس کے اردگرد چمکنے لگی... اُس کے ساتھ" سفر کرنے والے وہیں کھڑے کھڑے گونگے تھے، اُنہوں نے آواز سنی لیکن کسی کو نہ دیکھا۔"

اعمال 3:9-7—

پال گر گیا۔
دوسرے کھڑے ہو گئے۔
اس نے الفاظ سنے۔
انہوں نے آواز سنی۔

ایک ہی واقعہ۔
مختلف ملاقات۔

سبق

ہر کوئی جو طاقت کا مشاہدہ نہیں کرتا ہے وہ تبدیلی کا تجربہ نہیں کرتا ہے۔
ہجوم دیکھ سکتے ہیں۔
کوئی توبہ کر سکتا ہے۔

جب شہر جذباتی ردعمل کا اظہار کرتے ہیں تو جنت خوش نہیں ہوتی۔
صحیفہ کہتا ہے:
خدا کے فرشتوں کی موجودگی میں ایک توبہ کرنے والے گنہگار پر خوشی ہوتی" ہے۔"

لوقا 15:10—

ایک کے لیے۔
خدا آسمان اور زمین کو حرکت دے گا۔
آگ ایک دل کے لیے گر سکتی ہے۔
ایک کال کے لیے اندھا پن حملہ کر سکتا ہے۔
ایک آندھی ایک نیک آدمی کے لیے بول سکتی ہے۔
الہی حرکت کی پیمائش اس سے نہ کریں کہ کتنے جواب دیتے ہیں ۔
اطاعت سے اس کی پیمائش کریں۔

۔ اگر کوئی اور جواب نہیں دیتا
اور آپ کرتے ہیں تو ۔ جنت خوش ہوتی ہے۔

عکاسی کے سوالات

1.کیا میں نے فرض کر لیا ہے کہ نظر آنے والے معجزات بڑے پیمانے پر توبہ کی ضمانت دیتے ہیں؟
2.کیا میں جواب دینے سے پہلے دوسروں کا انتظار کر رہا ہوں؟
3.کیا میں نے الہی مقابلوں کو اس لیے مسترد کر دیا ہے کہ دوسرے میں کوئی

تبدیلی نہیں ہوئی؟
4.خدا نے ذاتی طور پر میرے لیے کیا کیا ہے جو دوسروں نے نہیں دیکھا؟
5.اگر میں صرف جواب دینے والا ہوتا تو کیا میں پھر بھی اطاعت کروں؟

گہرائی سے جواب دیں۔
اعلامیہ
بلند آواز سے کہو:
"اگر جنت چلی تو میں جواب دوں گا،
خواہ میں اکیلا کھڑا ہوں۔ خدا کا مجھ سے ملنا ذاتی ہے، میں ہجوم کا انتظار نہیں کروں گا، میں توبہ کا انتخاب کرتا ہوں۔"
اسے آہستہ آہستہ دہرائیں۔
ساختی نماز (40 منٹ)

1. تعظیم (10 منٹ)
ذاتی مقابلوں میں خدا کی حاکمیت کو تسلیم کریں۔
2. تشکر (10 منٹ)
اپنی زندگی میں ذاتی انکشاف کے لیے اس کا شکریہ۔
3. ہتھیار ڈالنا (10-15 منٹ)
اپنے آپ کو دوبارہ "ایک" کے طور پر پیش کریں جو جواب دیتا ہے۔
4. شفاعت (5 منٹ)
دوسروں کے لیے دعا کریں — لیکن اپنی اطاعت میں تاخیر نہ کریں۔
کے ساتھ بند کریں:
"مجھے جواب دینے والا بننے دو۔"

ایکشن پوائنٹس
آج آپ کریں گے:

1.اپنی زندگی کے ایک الہی لمحے پر غور کریں جس کی دوسروں نے قدر نہیں کی۔
2.لکھیں کہ اس لمحے نے آپ کو کیسے بدلا۔
3.اطاعت کے لیے اجتماعی معاہدے کا انتظار کرنا چھوڑ دیں۔
4.اعمال 9 کو آہستہ سے پڑھیں۔
5.خدا کا شکر ہے کہ وہ افراد کے لیے حرکت کرتا ہے۔

خام سبق

کچھ نے زخم دیکھے۔
اس نے آگ دیکھی۔
کچھ نے چوٹ دیکھی۔
اس نے نمائش دیکھی۔
کچھ نے ایک آدمی کو گرتے دیکھا۔
اس نے اقتدار کو گرتے دیکھا۔

ایک ہی واقعہ۔
مختلف دل۔

آپ اس پر قابو نہیں رکھ سکتے کہ دوسرے کیا سمجھتے ہیں۔
آپ کنٹرول کر سکتے ہیں کہ آپ کس طرح جواب دیتے ہیں۔
جنت ایک پر خوش ہوتی ہے۔
وہ ایک ہو.

دن 20
ایک کی خاطر

کہانی اینکر

آگ لگ گئی۔

بہت سے لوگ موجود تھے۔

صرف ایک توبہ کے لیے لرز گیا۔

میدوگوری میں، جب اسے لے جایا گیا اور اسے جہنم اور پھر جنت دکھایا گیا، تو دوسرے جسمانی طور پر اس کے آس پاس تھے۔

لیکن صرف اسی کو لیا گیا تھا۔

صرف اس نے شہر دیکھا۔

صرف اس نے عذاب دیکھا۔صرف وہ اس سے گزرا جسے اس نے ایک خوبصورت سنہری شہر قرار دیا تھا۔صرف وہ پریشان ہو کر لوٹا۔

بہت سے لوگ موجود تھے۔

ایک دکھایا گیا۔

یہ مقابلہ تماشے کے لیے نہیں بنایا گیا تھا۔

یہ تبادلوں کے لیے ڈیزائن کیا گیا تھا۔

جنت کو نقل و حرکت کا جواز پیش کرنے کے لیے بھیڑ کی ضرورت نہیں ہے۔

جنت ایک کے لیے حرکت کرتی ہے۔

کلام کے اینکرز

عہد نامہ قدیم

"'تب خُداوند نے شیطان سے کہا، 'کیا تُو نے میرے بندے ایوب پر غور کیا؟ "

—ایوب 1:8

جنت ایک آدمی پر ٹھہر جائے گی۔

قوم نہیں۔

ایک۔

نیا عہد نامہ

''تم میں سے کون سا آدمی ہے جس کے پاس سو بھیڑیں ہوں، اگر وہ ان میں سے ایک بھی کھو دے تو ننانوے کو نہیں چھوڑتا جب تک کہ اسے نہ ملے؟''

—لوقا 15:4

جنت کسی کو بچانے کے لیے بھیڑ چھوڑ دیتا ہے۔

اور دوبارہ:

"خدا کے فرشتوں کی موجودگی میں ایک توبہ کرنے والے گنہگار پر خوشی ہوتی ہے۔"

—لوقا 15:10

ہزاروں نہیں۔

ایک۔

سبق

جدید انجیلی بشارت اکثر تعداد سے کامیابی کی پیمائش کرتی ہے۔

ہجوم کا سائز۔

حاضری.میٹرکس.

لیکن آسمان کی پیمائش مختلف ہے۔

ہتھیار ڈالنے کا معیار۔

منتقلی کی گہرائی، توبہ کی اصلیت۔

فائر انکاؤنٹر میں، دوسروں نے مشاہدہ کیا ۔ لیکن صرف ایک دل ٹوٹ گیا۔

میدوگوری میں، دوسرے بھی موجود تھے ۔ لیکن صرف ایک کو جنت اور جہنم دیکھنے کے لیے لے جایا گیا تھا۔

سونے کا شہر تفریح کے لیے ظاہر نہیں کیا گیا۔

بیعت کا مقابلہ کرنے کے لیے نازل ہوا۔

آپ ہزاروں لوگوں کو تبلیغ کر سکتے ہیں۔

لیکن جنت ایک کے لیے حرکت کر رہی ہے۔

اگر کوئی بیعت کرتا ہے تو

جنت خوش ہوتی ہے۔

خدا کو اپنی تحریک کو درست ثابت کرنے کے لیے بڑے پیمانے پر ردعمل کی ضرورت نہیں ہے۔

اسے ہتھیار ڈالنے کی ضرورت ہے۔

عکاسی کے سوالات

1.کیا میں روحانی اثرات کو اعداد سے ماپتا ہوں؟

2.کیا میں نے ذاتی تبدیلی کو کم سمجھا ہے ؟

3.اگر میں صرف جواب دینے والا ہوتا تو کیا میں پھر بھی اطاعت کروں؟

4.کیا میں ارتکاب کرنے سے پہلے گروپ کی رفتار کا انتظار کر رہا ہوں؟

5.کیا میں مرئیت جتنی گہرائی کا جشن مناتا ہوں؟

کارکردگی کے بغیر جواب دیں۔

اعلامیہ

بلند آواز سے کہو:

میں خدا کی حرکت کو نمبروں سے نہیں ماپوں گا۔"

اگر آسمان میرے لئے حرکت کرتا ہے تو میں جواب دوں گا۔ میں ڈسپلے پر گہرائی

"کو اہمیت دیتا ہوں۔ میں مقدار پر معیار کا انتخاب کرتا ہوں۔ مجھے ایک بننے دو۔

اسے آہستہ آہستہ دہرائیں۔

ساختی نماز (40 منٹ)

1. تعظیم (10 منٹ)

تسلیم کریں کہ خدا لوگوں کو دیکھتا ہے۔

2. تشکر (10 منٹ)

اپنی زندگی میں ذاتی ملاقاتوں کے لیے اس کا شکریہ ادا کریں۔

3. ہتھیار ڈال دیں (10-15 منٹ)

اپنے آپ کو مکمل طور پر پیش کریں، چاہے کوئی اور شامل نہ ہو۔

4. شفاعت (5 منٹ)

مسیح سے ملنے کے لیے ایک مخصوص شخص کے لیے دعا کریں۔

کے ساتھ بند کریں:

"اگر میں اکیلا کھڑا ہوں تو بھی میں مانوں گا۔"

ایکشن پوائنٹس

آج آپ کریں گے:

1.ہجوم کے سائز سے روحانی کامیابی کا موازنہ کرنا بند کریں۔
2.جان بوجھ کر ایک فرد کے لیے نام لے کر دعا کریں۔
3.لکھیں کہ خدا نے آپ کے لیے ذاتی طور پر کیا کیا ہے۔
4.لوقا 15 کو آہستہ سے پڑھیں۔
5.مقبولیت سے زیادہ گہرائی کا عہد کریں۔

گہرا پیٹرن

پال گر گیا۔

دوسروں نے آواز سنی۔

ملازمت کا امتحان لیا گیا۔

دنیا جاری رہی۔
چرواہا ننانوے چھوڑ گیا۔
ایک کے لیے۔

میدوگوری میں:

بہت سے قریب تھے، صرف ایک کو جنت دکھائی گئی، صرف ایک نے سنہری شہر دیکھا، صرف ایک اندرونی خلفشار کے ساتھ واپس آیا۔

جنت کو بڑے پیمانے پر معاہدے کی ضرورت نہیں ہے۔
جنت ہتھیار ڈالے ہوئے دلوں کو ڈھونڈتی ہے۔
وہ دل ہو۔

دن 21
گولی مار دی۔ مارا۔ فرض کیا کہ مردہ۔

کہانی اینکر

مخالفت پہلے بھی بڑھ گئی تھی۔
دھمکیاں حقیقی تھیں۔
لیکن اس بار یہ وارننگ نہیں تھی۔
یہ پھانسی تھی۔
اس پر حملہ کیا گیا۔
گولی چل گئی۔
گولیاں اس کے جسم میں داخل ہوئیں۔
دھات نے پرتشدد طاقت سے اس کے سر پر مارا۔
اس کی کھوپڑی سے خون بہہ رہا تھا۔
اثر سے ہڈی ٹوٹ گئی ہو گی۔
کھوپڑی نہیں ٹوٹی۔
خون بہت زیادہ بہہ رہا تھا۔

وہ مارا گیا۔
وہ گر گیا۔ اسے مردہ سمجھا گیا تھا۔

اسے ایک گاڑی کے اندر رکھا گیا تھا — بچاؤ کے لیے نہیں، بلکہ جیسے کوئی پہلے ہی گرے ہوئے لوگوں میں شمار ہوتا ہے۔
لیکن وہ مرا نہیں تھا۔
اسے ہوش آیا۔
اس نے بعد میں بتایا کہ اس کے جسم سے متعدد گولیاں نکالی گئی تھیں۔
دھات گوشت میں داخل ہوئی - لیکن اہم اعضاء کو تباہ نہیں کیا۔
سر کے زخم سے بہت زیادہ خون بہہ رہا تھا — لیکن کھوپڑی برقرار تھی۔
ڈاکٹر اس بات کی وضاحت نہیں کر سکے کہ نقصان زیادہ خراب کیوں نہیں تھا۔
یہ تکلیف کے قریب نہیں تھی۔
یہ موت کے قریب تھا۔

اور یہ پہلی کوشش نہیں تھی۔
اس کے اکاؤنٹ کے مطابق، قتل کی متعدد کوششیں ہوئیں ۔ سات سے زیادہ۔
تحفظ نظریہ نہیں تھا۔
اسے دہرایا گیا۔
ایک موقع پر، زخموں کی شدت اور مسلسل خطرے کی وجہ سے، قومی سطح پر مداخلت نے انہیں ملک سے باہر امریکہ میں علاج کے لیے لے جانے کا انتظام کیا۔
بقا معجزے سے مینڈیٹ کی طرف منتقل ہوئی۔
وہ نہیں مرا۔
لیکن قیمت خون تھی۔

کلام کے اینکرز

عہد نامہ قدیم

"ایک ہزار تیری طرف اور دس ہزار تیرے داہنے ہاتھ پر گر سکتے ہیں لیکن وہ تیرے قریب نہیں آئے گا۔"
—زبور 91:7

موت کی قربت ہار کے برابر نہیں ہوتی۔

نیا عہد نامہ

"اُنہوں نے پولس کو سنگسار کیا اور یہ سمجھ کر شہر سے باہر گھسیٹ لیا کہ وہ مر گیا ہے۔ لیکن جب شاگرد اُس کے گرد جمع ہو گئے تو وہ اُٹھ کھڑا ہوا..."
— اعمال 14:19-20

مردہ سمجھا۔
لیکن ختم نہیں ہوا۔

سبق

ایسے موسم آتے ہیں جب اطاعت خون کی قیمت ادا کرتی ہے۔
استعاراتی تکلیف نہیں۔
سماجی بے چینی نہیں۔
لیکن حقیقی نقصان۔
پھر بھی حملے کی اس سطح کے تحت بقا ایک سوال کا تقاضا کرتی ہے:
مجھے کیوں محفوظ کیا گیا؟
ہر کوئی بندوق کی گولی سے نہیں بچتا۔
ہر کوئی بار بار کوششوں سے بچ نہیں پاتا۔

اگر تحفظ کو دہرایا گیا تو
تفویض سنجیدہ ہونا چاہیے۔

آپ کو کبھی گولیوں کا سامنا نہیں کرنا پڑے گا۔

لیکن آپ نے ایسے لمحات کا سامنا کیا ہے جو آپ کو ختم کر سکتے تھے:

- جسمانی بحران۔
- حادثہ۔
- سمٹنا۔
- جذباتی خرابی۔
- ایسے فیصلے جو آپ کا مستقبل تباہ کر سکتے تھے۔

آپ ابھی تک یہاں ہیں۔
تحفظ ذمہ داری کو بڑھا دیتا ہے۔

تحفظ جتنی شدید ہوگی،
دعوت اتنی ہی سنجیدہ ہوگی۔

عکاسی کے سوالات

1. میں کیا بچ گیا ہوں جو مختلف طریقے سے ختم ہونا چاہیے تھا؟
2. کیا میں احتیاط سے تحفظ کا علاج کرتا ہوں؟
3. کون سی تفویض میری بقا کا جواز پیش کر سکتی ہے؟
4. کیا میں احتیاط سے جی رہا ہوں یا لاپرواہی سے؟
5. اگر مجھے واقعی یقین ہے کہ میری زندگی مقصد کے لیے بچ گئی ہے، تو کیا تبدیلی آئے گی؟

خاص طور پر لکھیں۔
اعلامیہ
کھڑے ہو کر اعلان کریں:

"میں حادثاتی طور پر زندہ نہیں ہوں۔
جس چیز نے مجھے تباہ کر دیا تھا وہ نہیں ہوا۔ میری بقا اسائنمنٹ ہے۔ میں محفوظ زندگی کو ضائع نہیں کروں گا۔"

اسے یقین کے ساتھ دہرائیں۔
ساختی نماز (45 منٹ)

1. شکر گزاری (10 منٹ)
محفوظ زندگی کے لیے خدا کا شکر ادا کریں۔
2. تعظیم (10 منٹ)
اس بات پر غور کریں کہ تباہی کتنی قریب آئی۔
3. ہتھیار ڈال دیں (15 منٹ)
اپنے مستقبل کو مکمل طور پر اس کے مقصد کے لیے پیش کریں۔

4. ہمت (10 منٹ)

بغیر کسی خوف کے تفویض کو پورا کرنے کے لیے دلیری کا مطالبہ کریں۔

کے ساتھ بند کریں:

"اگر تم نے مجھے محفوظ رکھا ہے تو مجھے استعمال کرو۔"

ایکشن پوائنٹس

آج آپ کریں گے:

1. وہ لمحات لکھیں جنہوں نے آپ کو تقریباً تباہ کر دیا تھا۔
2. آرام سے زندگی گزارنے سے توبہ کریں۔
3. ایک خود کو تباہ کرنے والا نمونہ ہٹا دیں۔
4. زبور 91 کو بلند آواز سے دعا کریں۔
5. کال کرنے کی طرف ایک جرات مندانہ قدم اٹھائیں۔

خام حقیقت

خون بہنے لگا۔
دھات کی ہڈی سے ٹکرایا۔
گولیاں گوشت میں داخل ہوئیں۔
اسے ایسے لے جایا گیا جیسے ختم ہو گیا ہو۔
لیکن وہ اٹھ گیا۔
پال کی طرح، مردہ فرض کیا گیا - لیکن نہیں کیا گیا۔
تشدد کے تحت محفوظ رہنے سے فخر پیدا نہیں ہوتا۔
یہ عجلت پیدا کرتا ہے۔

دن 22
پیمانے پر محفوظ

کہانی اینکر

حملہ علامتی نہیں تھا۔
گولی چل گئی۔
گولیاں اس کے جسم میں داخل ہوئیں۔
دھات نے پرتشدد طاقت سے اس کے سر پر مارا۔
اس کے چہرے سے خون بہہ رہا تھا۔
عینی شاہدین کا خیال تھا کہ وہ مر چکا ہے۔
اسے ایک مکمل آدمی کے طور پر لے جایا گیا۔
لیکن وہ ختم نہیں ہوا تھا۔
اسے ہوش آیا۔
بعد میں ڈاکٹروں نے اس کے جسم سے متعدد گولیاں نکال دیں۔
دھات گوشت میں داخل ہو گئی تھی - لیکن اہم اعضاء بچ گئے تھے۔
سر کے زخم سے بہت زیادہ خون بہہ رہا تھا — لیکن کھوپڑی ٹوٹی نہیں تھی۔
نقصان تباہ کن ہونا چاہیے تھا۔
یہ نہیں تھا۔
یہ معمولی چوٹ نہیں تھی۔
یہ پھانسی کے قریب تھا۔
اور یہ پہلی کوشش نہیں تھی۔
اس کے اکاؤنٹ کے مطابق، قتل کی متعدد کوششیں ہوئیں - سات سے زیادہ۔
تحفظ بار بار بن گیا تھا۔
خطرے کی سطح بڑھ گئی۔
یہ مقامی دشمنی سے بڑھ کر ہو گیا۔
یہ قومی تشویش بن گیا۔
اس وقت، نائیجیریا کے صدر گڈلک جوناتھن تھے - ایک عیسائی رہنما۔
مداخلت اعلیٰ سطح پر ہوئی۔

اسے طبی معائنے اور علاج کے لیے امریکہ لے جانے کے انتظامات کیے گئے تھے۔

فائرنگ کے بعد۔

خون کی کمی کے بعد۔سر کے صدمے کے بعد۔

اس کا بغور جائزہ لیا گیا۔

نتائج واضح تھے:

زندہ

علمی طور پر برقرار۔کوئی مستقل اعصابی نقصان نہیں۔کوئی کھوپڑی کا فریکچر۔کوئی ساختی خرابی نہیں۔

وہ زندہ بچ گیا۔

لیکن خطرہ ٹل نہیں سکا۔

تحفظ ضروری ہو گیا۔

یسکارٹس کو تفویض کیا گیا تھا۔

نقل و حرکت پر پہرہ دیا گیا۔

سفر اب عام نہیں رہا۔

سکیورٹی نے اسے گھیر لیا۔

جب ایک آدمی کو یسکارٹس کے ساتھ حرکت کرنا ضروری ہے، تو اس کا مطلب ہے کہ خطرہ حقیقی ہے۔

تحفظ نظر آنے لگا تھا۔

وہ زندہ تھا۔

لیکن وہ نشان زد تھا۔

کلام کے اینکرز

عہد نامہ قدیم

دانیال کو ماند سے باہر نکالا گیا، اور جو کچھ بھی اُس پر نہیں پایا گیا، اِس لیے کہ" "وہ اپنے خُدا پر ایمان رکھتا تھا۔

— دانی ایل 6:23

اندر پھینکا گیا۔

باہر اٹھایا گیا۔ اندرونی طور پر اچھوت۔

نیا عہد نامہ

کمانڈر نے حکم دیا کہ پال کو بیرکوں میں لے جایا جائے... اور حکم دیا کہ اس کی" "حفاظت سپاہیوں سے کی جائے۔

—اعمال ۲۳:۱۰

محفوظ ہے کیونکہ اسائنمنٹ باقی ہے۔

سبق

اس سطح پر تحفظ سکون نہیں ہے۔

یہ تصدیق ہے۔
،جب گولیاں آپ کو ختم نہیں کرتی ہیں
جب کھوپڑیاں نہیں ٹوٹتی ہیں، جب امتحانات کوئی دیرپا تباہی ظاہر نہیں کرتے ہیں، جب قومی اتھارٹی مداخلت کرتی ہے، جب اسکارٹس تفویض کیے جاتے ہیں۔
آپ کو ضرور پوچھنا چاہیے:
مجھے کیوں بچایا گیا؟
بقا ذمہ داری کو بڑھاتی ہے۔
تحفظ احتساب کو بڑھاتا ہے۔
اگر خدا آپ کو نجی طور پر محفوظ رکھتا ہے تو
شکر گزار بنیں۔
اگر وہ آپ کو عوامی طور پر محفوظ رکھتا ہے تو
ہوشیار رہو۔
اگر وہ آپ کو ڈھانپنے سے گھیرے ہوئے ہے، تو
بے فکری سے زندگی نہ گزاریں۔

آپ سہولت کے لیے زندہ نہیں ہیں۔
آپ اسائنمنٹ کے لیے زندہ ہیں۔

عکاسی کے سوالات

1.کیا میں کسی ایسی چیز سے بچ گیا ہوں جسے مختلف طریقے سے ختم ہونا چاہیے تھا؟
2.کیا میں محفوظ زندگی کو اتفاقی طور پر پیش کرتا ہوں؟
3.کس ذمہ داری سے بچایا جا سکتا ہے؟
4.کیا میں جان بوجھ کر جی رہا ہوں؟
5.اگر خدا نے میرے ارد گرد تحفظ تفویض کیا تو کیا میری زندگی اس کا جواز پیش کرے گی؟

ایمانداری سے جواب دیں۔

اعلامیہ

کھڑے ہو کر اعلان کریں:

میری زندگی مقصد کے لیے محفوظ ہے۔"
جس چیز نے مجھے تباہ کرنا چاہیے تھا وہ نہیں ہوا۔ میں ذمہ داری کے ساتھ زندگی گزاروں گا۔
میں خدا کی رحمت کو ضائع نہیں کروں گا۔
"تحفظ تفویض کی تصدیق کرتا ہے۔

اسے آہستہ آہستہ دہرائیں۔

ساختی نماز (45 منٹ)

1. شکر گزاری (10 منٹ)

محفوظ زندگی کے لیے خدا کا شکر ادا کریں۔

2. تعظیم (10 منٹ)

تسلیم کریں کہ تباہی کتنی قریب آئی۔

3. ہتھیار ڈال دیں (15 منٹ)

اپنے مستقبل کو جان بوجھ کر خدا کے سامنے پیش کریں۔

4. کمیشن (10 منٹ)

اپنی کال کو پورا کرنے کے لیے ہمت طلب کریں۔

کے ساتھ بند کریں:

"اگر تم نے مجھے محفوظ رکھا ہے تو مجھے استعمال کرو۔"

ایکشن پوائنٹس

آج آپ کریں گے:

1. ان لمحات کو لکھیں جو آپ محفوظ تھے۔
2. ایک لاپرواہ سلوک کو ختم کریں۔
3. ڈینیل 6 کو آہستہ سے پڑھیں۔
4. غیب کی حفاظت کے لئے خدا کا شکر ہے۔
5. مقصد کی طرف جان بوجھ کر ایک قدم اٹھائیں۔

دن 23
نشان زد ۔ لیکن غیر متحرک

کہانی اینکر

ش

وٹنگ کے بعد۔
انخلاء کے بعد۔
میڈیکل کلیئرنس کے بعد۔
یسکارٹس کو تفویض کرنے کے بعد۔
زندگی معمول پر نہیں آئی۔
وہ اب گمنام نہیں تھا۔
اسے نشان زد کیا گیا۔
علامتی طور پر نہیں۔
فعال طور پر۔
سیکیورٹی اس کے ساتھ تھی۔
تحریک کو کوآرڈینیشن کی ضرورت ہے۔
عوامی موجودگی ضروری تشخیص.
دھمکی کی سطح افواہ نہیں تھی۔
ان کی نگرانی کی گئی۔
نگہبانی سے زندگی گزارنا شعوری زندگی ہے۔
آگاہ رہنا نظم و ضبط کے ساتھ جینا ہے۔
لیکن یہاں اہم حصہ ہے:
وہ تبلیغ سے باز نہیں آیا۔
وہ بلانے سے پیچھے نہیں ہٹا۔
اس نے خطرے کو کم کرنے کے لیے پیغام کو کمزور نہیں کیا۔
اس نے بات جاری رکھی۔
زندہ نشان زد ۔ لیکن غیر متحرک۔

کلام کے اینکرز
عہد نامہ قدیم

"ساؤل نے اس دن سے داؤد پر گہری نظر رکھی۔"
—1 18:9 سموئیل

دیکھا۔
نشانہ بنایا۔
پھر بھی منتخب کیا گیا۔

نیا عہد نامہ

کیونکہ میں اسے دکھاؤں گا کہ اسے میرے نام کی خاطر کتنی تکلیفیں اٹھانی ہوں"
"گی۔
—9:16 اعمال

تبدیلی سے نشان زد۔
لیکن تفویض۔

سبق

کچھ مومن صرف اس وقت وفادار رہتے ہیں جب کسی کا دھیان نہ ہو۔
،لیکن جب فرمانبرداری توجہ مبذول کرتی ہے
خوف سمجھوتہ کرنے کے لیے مذاکرات شروع کر دیتا ہے۔
نشان زد ہونا مقصد کو ظاہر کرتا ہے۔
— کیا آپ آرام کے لیے خدمت کر رہے ہیں
یا کال کر رہے ہیں؟

جب آپ کی زندگی نظر میں ہے:

- تم زیادہ احتیاط سے بولو۔
- آپ زیادہ جان بوجھ کر حرکت کرتے ہیں۔
- آپ زیادہ سنجیدگی سے دعا کریں۔

خطرہ بے حسی کو پاک کرتا ہے۔
ہوسکتا ہے کہ آپ کے پاس کبھی بھی یسکارٹس نہ ہوں۔
لیکن آپ روحانی طور پر نشان زد ہیں۔
دشمن سنجیدہ مومنوں کو دیکھتا ہے۔
آرام دہ اور پرسکون عیسائیت بہت کم مزاحمت کو راغب کرتی ہے۔
مرکوز وفاداری جانچ پڑتال کو راغب کرتی ہے۔
سوال یہ ہے:
— کیا مخالفت کا شعور آپ کو بالغ کرے گا
یا آپ کو ڈرا دے گا؟

عکاسی کے سوالات

1.کیا میں صرف غیب سے ہی وفادار ہوں؟
2.کیا میں جاری رکھوں گا اگر میری فرمانبرداری دشمنی کو راغب کرتی ہے؟
3.توجہ سے بچنے کے لیے میں نے یقین کو کہاں کمزور کیا ہے؟
4.کیا میں اس بات سے آگاہ ہوں کہ میری زندگی میں روحانی وزن ہے؟
5.کیا میں اتنا سنجیدہ ہوں کہ مجھے دیکھا جائے؟

بہادری کے بغیر جواب دیں۔

اعلامیہ

کھڑے ہو کر اعلان کریں:

میں پیچھے نہیں ہٹوں گا کیونکہ مجھے نشان زد کیا گیا ہے۔"
اپوزیشن مجھے سنوارے گی۔ میں بلا کر خدمت کرتا ہوں، تسلی نہیں، میں غیر متزلزل رہتا ہوں۔"

اسے مضبوطی سے دہرائیں۔

ساختی نماز (40-45 منٹ)

1. عبادت (10 منٹ)

اپنی لڑائیوں پر مسیح کو رب کے طور پر تسلیم کریں۔

2. طاقت (15 منٹ)

گھڑی کے نیچے برداشت کے لیے دعا کریں۔

3. سمجھداری (10 منٹ)

ظاہری اطاعت میں حکمت طلب کریں۔

4. ہمت (5-10 منٹ)

بغیر لاپرواہی کے دلیری کا عہد کریں۔

کے ساتھ بند کریں:

"میں غیر متزلزل کھڑا ہوں۔"

ایکشن پوائنٹس

آج آپ کریں گے:

1.ایک ایسے علاقے کی شناخت کریں جہاں خوف نے آپ کی فرمانبرداری کو

تبدیل کیا۔

2.اس علاقے کو فوری طور پر درست کریں۔

3.عالمی سطح پر خطرے میں رہنے والے مومنین کے لیے دعا کریں۔

1.4 سموئیل 18 کو آہستہ سے پڑھیں۔

5.اپنی زندگی میں ایک نظم و ضبط کو مضبوط کریں۔

دن 24
معیار بلند کریں۔

کہانی اینکر

آگ کے بعد۔
ہتھیار ڈالنے کے بعد۔
گولیوں کے بعد۔
انخلاء کے بعد۔
یسکارٹس کے بعد۔
اسائنمنٹ میں کمی نہیں آئی۔
یہ تیز ہو گیا۔
اس نے عوامی طور پر کہا ہے کہ جب وہ بچ گیا تو خداوند نے اسے کہا:
"جاؤ اور چوکیداروں کو اُکساؤ کہ وہ ان کی جگہ لے لیں تاکہ میں لوگوں کو تباہ نہ کروں۔"
یہ نرم زبان نہیں ہے۔
یہ احتساب کی زبان ہے۔
بیانیہ یہاں سے منتقل ہوا تھا:
ذاتی نجات ← عوامی تحفظ ← قومی تحفظ
اب یہ اس میں چلا گیا:
ذمہ داری۔
پیغام محض "محفوظ رہو" نہیں تھا۔
یہ "معیار بلند کرنا" تھا۔
کیونکہ اس نے دیکھا تھا:

علم کے بغیر مذہبی جوش۔
چرچ کی منافقت۔قیادت میں سمجھوتہ۔روحانی کاہلی۔

بقا چھپانے کے لیے نہیں تھی۔
یہ الارم بجانے کے لیے تھا۔

کلام کے اینکرز

عہد نامہ قدیم

"اے ابن آدم، میں نے تجھے چوکیدار بنایا ہے، اس لیے تو میرے منہ سے ایک بات سنے گا اور میری طرف سے ان کو خبردار کرے گا۔"

—حزقی ایل 33:7

چوکیدار تفریح نہیں کرتے۔
وہ تنبیہ کرتے ہیں۔

نیا عہد نامہ

"پھر بھی، خُدا کی مضبوط بنیاد کھڑی ہے... ہر وہ شخص جو مسیح کا نام لیتا ہے بدکاری سے دور ہو جائے۔"

—2 تیمتھیس 2:19

معیار کو بلند کرنے کا آغاز تقدس سے ہوتا ہے۔

سبق

ایک موقع ایسا آتا ہے جہاں ذاتی ایمان کو عوامی ذمہ داری بننا چاہیے۔
چوکیدار تین کام کرتا ہے:

1. پوزیشن میں کھڑا ہے۔
2. صاف نظر آتا ہے۔
3. سچ بولتا ہے۔

چوکیدار مقبول نہیں ہیں۔
وہ ضروری ہیں۔
جب چوکیدار سوتے ہیں تو سمجھوتہ پھیلتا ہے۔
چوکیدار خاموش رہنے سے منافقت پھیلتی ہے۔
جب چوکیدار بھیڑ میں شامل ہوتے ہیں تو اخلاقی بگاڑ بڑھ جاتا ہے۔
آپ قومی منبر نہیں اٹھا سکتے۔
لیکن آپ کہیں نہ کہیں ذمہ داری اٹھاتے ہیں۔

اپنے گھر میں۔
آپ کے چرچ میں، آپ کے کام کی جگہ میں، آپ کی نسل میں۔
معیار بلند کرنے کا مطلب یہ نہیں کہ لوگوں کی مذمت کی جائے۔
اس کا مطلب ہے وہ جینا جس کا آپ اعلان کرتے ہیں۔

عکاسی کے سوالات

1.خدا نے مجھے چوکیدار کے طور پر کہاں رکھا ہے؟
2.کیا میں قبول ہونے کے لیے خاموش ہو گیا ہوں؟
3.میں نے سمجھوتہ کہاں برداشت کیا ہے۔
4.کیا میں اس سطح پر رہ رہا ہوں جس کی مجھے دوسروں سے توقع ہے؟
5.مجھے اپنی زندگی میں سب سے پہلے کس معیار کو بلند کرنا چاہیے؟

سنجیدگی سے جواب دیں۔

اعلامیہ

کھڑے ہو کر اعلان کریں:

"میں اپنا عہدہ قبول کرتا ہوں۔
میں سمجھوتہ نہیں کروں گا۔ میں اپنے دائرے میں معیار بلند کروں گا۔ میں وہی رہوں گا جس کا میں اعلان کروں گا۔"

اسے سنجیدگی کے ساتھ دہرائیں۔

ساختی نماز (45 منٹ)

1. عبادت (10 منٹ)
خدا کو مقدس سمجھ کر تعظیم کریں۔
2. توبہ (15 منٹ)
ذاتی سمجھوتہ کا اعتراف کریں۔
3. شفاعت (10 منٹ)
رہنماؤں اور چرچ کی پاکیزگی کے لیے دعا کریں۔
4. کمیشن (10 منٹ)
کھڑے ہونے کے لیے دلیری سے پوچھیں۔

کے ساتھ بند کریں:
"مجھے ایک وفادار چوکیدار بنا۔"

ایکشن پوائنٹس

آج آپ کریں گے:

1.اپنی زندگی میں ایک سمجھوتہ شدہ علاقے کی نشاندہی کریں اور اسے درست کریں۔
2.روحانی طور پر بہتے ہوئے کسی کی حوصلہ افزائی کریں۔
3.حزقی ایل 33 کا گہرائی سے مطالعہ کریں۔
4.ایک اثر کو ہٹا دیں جو آپ کے روحانی معیار کو کم کرتا ہے۔
5.مستقل ذاتی پاکیزگی کا عہد کریں۔

دن 25

وہ چیز بنائیں جو آگ کو ختم کرے۔

کہانی اینکر

ع

سکریت پسند اسلام کا ڈھانچہ تھا۔
نماز کا چکر طے تھا۔
روزے میں نظم و ضبط تھا، تکرار نافذ تھی۔
شدت کی تربیت کی گئی۔
جب وہ تبدیل ہوا تو صرف جذبات ہی کافی نہیں تھے۔
ڈھانچہ دوبارہ بنانا پڑا۔
،اگر نظم و ضبط کی غلطی بنیادی عزم پیدا کر سکتی ہے
تو نظم و ضبط کی سچائی کو مضبوط برداشت پیدا کرنا چاہیے۔
گولیوں کے نیچے زندہ رہنے نے اسے برقرار نہیں رکھا۔
تشکیل نے کیا۔
ظلم و ستم ایمان کو محفوظ نہیں رکھتا۔
ساخت کرتا ہے۔

کلام کے اینکرز

عہد نامہ قدیم

"شام اور صبح اور دوپہر میں دعا کروں گا، اور بلند آواز سے پکاروں گا، اور وہ میری آواز سنے گا۔"

—زبور 55:17

تال تعلقات کو برقرار رکھتا ہے۔

نیا عہد نامہ

"کیا تم میرے ساتھ ایک گھنٹہ نہیں دیکھ سکتے ہو؟"

—متی ۲۶:۴۰

ایک گھنٹہ۔
جان بوجھ کر۔ غیر متزلزل۔

سبق

بہت سے مومن رد عمل کے ساتھ دعا کرتے ہیں۔
ساختی طور پر چند دعائیں۔

رد عمل کی دعا بحران سے بچ جاتی ہے۔
ساختی نماز برداشت پیدا کرتی ہے۔
آپ آرام دہ عیسائیت کے ساتھ عسکریت پسندی کی سطح پر عزم نہیں کر سکتے۔
اگر آپ کی عقیدت بے ترتیب ہے، تو
آپ کا استحکام کمزور ہوگا۔

نظم و ضبط قانون پرستی نہیں ہے۔
یہ صف بندی ہے۔

60 منٹ کا اسٹریٹجک نماز کا ماڈل

یہ جذباتی کارکردگی نہیں ہے۔
یہ تشکیل ہے۔

1 30 منٹ — اس کی عبادت کریں جو وہ ہے۔

کوئی درخواستیں نہیں۔
کوئی درخواستیں نہیں۔
صرف عبادت۔

- اس کا تقدس۔
- اس کی حاکمیت۔
- اس کی رحمت۔
- اس کا انصاف۔
- اس کی وفاداری۔

عبادت نقطہ نظر کو دوبارہ تعمیر کرتی ہے۔

2 10 منٹ - اس کی خودمختاری کا اعلان کریں۔

بلند آواز سے اعلان کریں:

- وہ آپ کی زندگی پر حکمرانی کرتا ہے۔
- وہ آپ کے خاندان پر حکمرانی کرتا ہے۔
- وہ آپ کے بلانے پر حکمرانی کرتا ہے۔
- وہ تمہاری قوم پر حکومت کرتا ہے۔

خودمختاری اتھارٹی کو ترتیب دیتی ہے۔

3 10 منٹ - توبہ

اعتراف:

- سمجھوتہ
- منافقت۔
- سستی
- خوف۔
- تقسیم وفاداری.

طہارت طاقت کی حفاظت کرتی ہے۔

4 10 منٹ — بادشاہی سے منسلک فرمان

نفسانی خواہشات نہیں۔

جسمانی خواہش نہیں۔

اعلان کریں:

- اس کی مرضی کے ساتھ صف بندی۔
- اپنی زندگی میں نظم و ضبط
- فرمانبرداری میں ہمت۔
- اخلاق میں تقدس۔
- تفویض کی تکمیل۔

احکام کو کلام کے مطابق ہونا چاہیے۔

عکاسی کے سوالات

1.کیا میری نماز نظم و ضبط ہے یا جذباتی؟
2.کیا میں امن سے زیادہ بحران میں دعا کرتا ہوں؟
3.مجھے ایک فوکسڈ گھنٹے سے کیا روکتا ہے؟
4.کیا میں روحانی طور پر تشکیل پاتا ہوں؟
5.اگر میں روزانہ 40 دن تک اس پر عمل کروں تو کیا بدل سکتا ہے؟

ایمانداری سے جواب دیں۔

اعلامیہ

کھڑے ہو کر اعلان کریں:

میں نظم و ضبط کے ساتھ عقیدت پیدا کروں گا۔"
میری دعا کو منظم کیا جائے گا۔ میری بیعت روزانہ کی جائے گی۔ میں روحانی
"طور پر آرام دہ زندگی نہیں گزاروں گا۔

اسے مضبوطی سے دہرائیں۔

ساختی نماز

آج، مکمل 60 منٹ ماڈل کرتے ہیں.

کوئی شارٹ کٹ نہیں۔

کوئی ملٹی ٹاسکنگ نہیں۔

غیر متزلزل۔

ایکشن پوائنٹس

1.روزانہ ایک مقررہ گھنٹے کا شیڈول بنائیں۔
2.نماز کے دوران ڈیجیٹل خلفشار کو دور کریں۔
3.عبادت کے دوران الہامات لکھیں۔
7.4 دنوں کے لئے مستقل مزاجی کو ٹریک کریں۔
5.اس وقت کو غیر گفت و شنید کے طور پر محفوظ کریں۔

دن 26
خدا کی صاف سننا

کہانی اینکر

ا

س کی زندگی کے اہم موڑ بے ترتیب نہیں تھے۔
وہ سمت پرست تھے۔

Maiduguri - ایک نقطہ نظر.

آگ کا لمحہ - تصادم۔ ہوٹل کا تصادم - "ہم بہت آگے جا چکے ہیں۔" کمیشن - ""چوکیداروں کو اکسائیں۔

یہ مبہم تاثرات نہیں تھے۔
وہ صاف تھے۔
مخصوص
مداخلت کرنے والا۔

جب بیعت منتقل ہوئی تو
وضاحت کی گئی۔

لیکن انتشار سے وضاحت نہیں آئی۔
یہ ہتھیار ڈالنے سے آیا ہے۔
اور بعد میں - نظم و ضبط
جو لوگ اتفاق سے رہتے ہیں وہ بہت کم سنتے ہیں۔
جو لوگ منقسم رہتے ہیں وہ توڑ مروڑ کر سنتے ہیں۔
جو ساختہ ہیں وہ مستقل طور پر سنتے ہیں -

کلام کے اینکرز

عہد نامہ قدیم

"اے رب، بول کیونکہ تیرا بندہ سنتا ہے۔"
—1 سموئیل 3:10

سماعت کے لیے کرنسی کی ضرورت ہوتی ہے۔

نیا عہد نامہ

”میری بھیڑیں میری آواز سنتی ہیں، اور میں انہیں جانتا ہوں، اور وہ میرے پیچھے
چلتی ہیں۔“
—یوحنا 10:27
سماعت رشتہ دار ہے۔
مندرجہ ذیل سماعت سے ثابت ہوتا ہے۔

سبق

بہت سے ایماندار کہتے ہیں، "خدا خاموش ہے۔"
اکثر مسئلہ خاموشی نہیں ہوتا۔
یہ شور ہے۔
خوف کا شور۔
عزائم کا شور، موازنہ کا شور، سوشل میڈیا کا شور، نادم سمجھوتہ کا شور۔
اگر آپ کا دل منقسم ہے تو آپ واضح طور پر نہیں سن سکتے۔
وضاحت کی ضرورت ہے:

- ہتھیار ڈالنا۔
- نظم و ضبط
- خاموش۔
- اس کی اطاعت جو پہلے ہی بولی جا چکی ہے۔

آخری کو نظر انداز کرنے والوں کو خدا شاذ و نادر ہی کوئی نئی ہدایت دیتا ہے۔
وہ سمت سے بولتا ہے۔
لامتناہی نہیں۔
اگر وہ بولتا ہے تو یہ کلام کے مطابق ہو گا۔
یہ تقدس کو بلند کرے گا؛ یہ اطاعت کا مطالبہ کرے گا؛ یہ انا کی چاپلوسی نہیں کرے گا۔

عکاسی کے سوالات

1.آخری بار کب میں نے خدا کی طرف سے دکھائے گئے کچھ کی اطاعت کی ؟
2.کون سی خلفشار میری روحانی سماعت پر بادل کرتا ہے؟
3.کیا میں خاموشی کو ترجیح دیتا ہوں؟
4.کیا میں پچھلی سزا کو نظر انداز کرتے ہوئے نئی ہدایات کا انتظار کر رہا ہوں؟
5.اگر آج رات خدا واضح طور پر بولے تو کیا میں اطاعت کروں گا؟

ایمانداری سے جواب دیں۔

اعلامیہ

کھڑے ہو کر اعلان کریں:

"میرے کان کھلے ہیں،

میرا دل ہتھیار ڈال چکا ہے، میں خلفشار کو مسترد کرتا ہوں، میں سنوں گا اور مانوں گا۔"

آہستہ آہستہ دہرائیں۔

ساختی نماز (45 منٹ)

1. عبادت (10 منٹ)

اسے چرواہے کے طور پر تسلیم کریں۔

2. خاموشی (10 منٹ)

خاموشی سے بیٹھیں۔ الفاظ نہیں۔ سنو۔

3. ہتھیار ڈال دیں (10 منٹ)

اپنا ایجنڈا جاری کریں۔

4. صف بندی (15 منٹ)

فرمانبرداری کے لیے وضاحت اور ہمت طلب کریں۔

کے ساتھ بند کریں:

بولو، رب، میں جواب دوں گا۔

ایکشن پوائنٹس

1. آج مکمل خاموشی میں 10 منٹ گزاریں۔
2. نقوش لکھیں — ان کو صحیفے کے خلاف پرکھیں۔
3. ایک چھوٹی سی بات کو فوراً مان لیں۔
4. شور کا ایک ذریعہ کم کریں۔
1.5 سموئیل 3 اور یوحنا 10 کو آہستہ سے پڑھیں۔

دن 27
چلنا اور خدا کے ساتھ کام کرنا

کہانی اینکر

م

لاقاتیں حقیقی تھیں۔
آگ اصلی تھی۔
وژن حقیقی تھا۔
ہوٹل کا تصادم حقیقی تھا۔
گولیاں اصلی تھیں۔
صدارتی بچاؤ حقیقی تھا۔
لیکن تنہا ملاقاتیں زندگی کو برقرار نہیں رکھتیں۔
پیدل چلنا ہوتا ہے۔

بقا کے بعد۔
.تخرکشک کے بعد. کمیشن کے بعد

زندگی روزانہ چلتی رہی۔

فیصلے۔
سفر۔ تبلیغ۔ وزارت کی تعمیر۔ برادریوں کی خدمت۔ منقسم خاندانی تناؤ میں رہنا۔
معجزاتی لمحات روزانہ نہیں تھے۔
پیدل چلنا تھا۔
آپ انکاؤنٹر میں مستقل طور پر نہیں رہ سکتے۔
آپ کو رشتہ میں رہنا چاہئے۔

کلام کے اینکرز

عہد نامہ قدیم

"حنوک خدا کے ساتھ چلتا تھا؛ اور وہ نہیں تھا، کیونکہ خدا نے اسے لے لیا"
پیدائش 5:24—
صرف یقین نہیں کیا۔
چہل قدمی کی۔

نیا عہد نامہ

"چنانچہ جیسا کہ تم نے مسیح یسوع مسیح کو قبول کیا ہے، اُسی طرح اُس میں چلو۔"

—کلسیوں 2:6

وصول کرنا ایک واقعہ ہے۔

چلنا ایک عمل ہے۔

سبق

بہت سے مومن لمحات کا پیچھا کرتے ہیں۔

چند کاشتی واک۔

واک کا مطلب ہے:

- روزانہ کی تال۔
- مستقل اطاعت۔
- مسلسل آگاہی.
- مسلسل صف بندی۔

چلنے کے لیے تماشے کی ضرورت نہیں ہوتی۔

اس کے لیے وفا کی ضرورت ہے۔

خدا کے ساتھ کام کرنے کا مطلب ہے:

آپ اسے تقسیم نہیں کرتے۔

وہ صرف نماز کے وقت ہی نہیں ہوتا۔

وہ اس میں موجود ہے:

- کاروباری فیصلے۔
- خاندانی گفتگو۔
- وزارت منصوبہ بندی۔
- مالیاتی انتخاب۔
- تنازعات کا حل۔

چہل قدمی دوہری زندگی کو دور کرتی ہے۔

چلنا کارکردگی عیسائیت کو ختم کرتا ہے۔

چلنے سے سالمیت پیدا ہوتی ہے۔

عکاسی کے سوالات

1. کیا میں مستقل مزاجی سے زیادہ مقابلوں کا پیچھا کرتا ہوں؟
2. کیا میری روحانی زندگی واقعہ پر مبنی ہے یا رشتہ پر مبنی؟

3.کیا میں روزمرہ کے فیصلوں میں خدا سے مشورہ کرتا ہوں؟
4.میری زندگی کہاں تقسیم نظر آتی ہے؟
5.اگر کوئی میرا ہفتہ دیکھے تو کیا وہ چہل قدمی دیکھے گا؟

ایمانداری سے جواب دیں۔

اعلامیہ

کھڑے ہو کر اعلان کریں:

میں روزانہ خدا کے ساتھ چلوں گا۔"

میرا عقیدہ کبھی کبھار نہیں ہے۔ میں الگ الگ عیسائیت کو مسترد کرتا ہوں۔ میں "مسلسل اطاعت میں چلتا ہوں۔

اسے آہستہ آہستہ دہرائیں۔

ساختی نماز (45 منٹ)

1. عبادت (10 منٹ)

زندگی کے تمام پہلوؤں میں خدا کو موجود کے طور پر تسلیم کریں۔

2. ہتھیار ڈال دیں (10 منٹ)

اسے اپنے روزمرہ کے معمولات میں مدعو کریں۔

3. صف بندی (15 منٹ)

اپنی زندگی کے ہر شعبے میں دعا کریں — خاندان، کام، وزارت، مالیات۔

4. عزم (10 منٹ)

ہوش میں روزانہ بیداری کا عہد کریں۔

کے ساتھ بند کریں:

"میں تمہارے ساتھ چلتا ہوں۔"

ایکشن پوائنٹس

1.آج جان بوجھ کر خدا کو ایک فیصلے میں مدعو کریں۔
2.ایک ٹوکری کو ہٹا دیں جہاں اسے خارج کر دیا گیا ہے۔
3.جان بوجھ کر ہتھیار ڈالنے کے ساتھ کل اپنی صبح کا آغاز کریں۔
4.پیدائش 5 اور کلسیوں 2 کو آہستہ سے پڑھیں۔
7.5 دن تک روزانہ کی اطاعت کا سراغ لگائیں۔

دن 28
منافقت سے بالاتر زندگی گزارنا

کہانی اینکر

پ ورے سفر میں سب سے خطرناک لمحات میں سے ایک گولی نہیں تھی۔
یہ چرچ کے اندر تضاد تھا۔
وہ عسکری نظم و ضبط سے آیا تھا۔
جہاں جو تبلیغ کی جاتی تھی اس پر عمل ہوتا تھا۔
جہاں ڈھانچہ نافذ کیا گیا تھا۔ جہاں متن نافذ کیا گیا تھا۔
وہ زیادہ سالمیت کی توقع رکھتے ہوئے عیسائیت میں داخل ہوا۔
اس کے بجائے، اس نے دیکھا:
بغیر مشق کے تبلیغ کرنا۔
طرز زندگی کے بغیر زبان۔ ذاتی عقیدت کے بغیر روحانی نمائش۔
اس مایوسی نے اسے تقریباً واپس بھیج دیا۔
گولیوں نے اسے تقریباً ختم نہیں کیا تھا۔
منافقت تقریباً ہو گئی۔
یہ کتنا تباہ کن ہے۔

کلام کے اینکرز

عہد نامہ قدیم

"یہ لوگ اپنے منہ سے میرے قریب آتے ہیں، لیکن ان کا دل مجھ سے دور ہے۔"
—یسعیاہ 29:13

ہتھیار ڈالے بغیر تقریر۔

نیا عہد نامہ

"افسوس تم پر... منافقو! تم پیالے اور برتن کو باہر سے تو صاف کرتے ہو، لیکن اندر سے وہ لالچ اور خود غرضی سے بھرے ہوئے ہیں۔"
—متی 23:25

بیرونی پالش۔
اندرونی کرپشن۔

سبق

منافقت کمزوری نہیں ہے۔
یہ تقسیم ہے۔
یہ دو زندگیاں گزار رہا ہے۔

•ایک عوام۔
•ایک نجی۔

یہ عوامی طور پر بیعت کا اعلان کر رہا ہے،
جبکہ نجی طور پر اس پر گفت و شنید کر رہا ہے۔
اور کوئی بھی چیز گواہ کو تیزی سے تباہ نہیں کرتی ہے۔
آپ ظلم و ستم سے بچ سکتے ہیں۔
لیکن آپ اندرونی کرپشن سے بچ نہیں سکتے۔
اگر آپ کی نماز کی زندگی کمزور ہے،
لیکن آپ کی تبلیغ مضبوط ہے - یہ فریکچر ہے۔
اگر آپ کا عوامی ایمان جرات مندانہ ہے،
لیکن آپ کی نجی فرمانبرداری متضاد ہے — یہ فریکچر ہے۔
سالمیت کا مطلب ہے صف بندی۔

جو میں کہتا ہوں۔
میں کیا کرتا ہوں۔جس پر میں یقین کرتا ہوں۔

ایک ہی سمت۔

عکاسی کے سوالات

1.میری نجی زندگی میرے عوامی اعتراف سے کہاں متصادم ہے؟
2.میں کون سا روحانی نظم و ضبط انجام دیتا ہوں لیکن برقرار نہیں رہتا؟
3.کیا میرے قریب ترین لوگ میری عقیدت کی تصدیق کریں گے؟
4.میں کس سمجھوتے کا جواز پیش کر رہا ہوں؟
5.اگر آج منافقت بے نقاب ہو جائے تو کیا منظر عام پر آئے گا؟

بغیر عذر کے جواب دیں۔

اعلامیہ

کھڑے ہو کر اعلان کریں:

میں دہری زندگی کو مسترد کرتا ہوں۔"

میری نجی زندگی میرے عوامی اعتراف سے مطابقت رکھتی ہے۔ میں سالمیت کا انتخاب کرتا ہوں، میں مکمل پن کا انتخاب کرتا ہوں۔ میں صف بندی کا انتخاب کرتا ہوں۔"

اسے آہستہ آہستہ دہرائیں۔

ساختی نماز (45 منٹ)

1. عبادت (10 منٹ)

مسیح کی مقدس اور سچی عزت کریں۔

2. نمائش (15 منٹ)

خدا سے پوشیدہ تضادات کو ظاہر کرنے کو کہیں۔

3. توبہ (10 منٹ)

مخصوص سمجھوتے کا اعتراف کریں۔

4. صف بندی (10 منٹ)

مسلسل زندگی گزارنے کی طاقت کے لیے دعا کریں۔

کے ساتھ بند کریں:

"میرے اندر اور باہر سے متفق ہوں۔"

ایکشن پوائنٹس

1. ایک پوشیدہ سمجھوتہ کو ہٹا دیں۔
2. ایک کمزور نظم و ضبط کو مضبوط کریں۔
3. خدا کے سامنے نجی طور پر کسی چیز کا اعتراف کریں جسے آپ نے نظر انداز کیا ہے۔
4. میتھیو 23 کو آہستہ سے پڑھیں۔
5. کسی بھروسہ مند سے پوچھیں کہ وہ آپ کو جوابدہ بنائے۔

دن 29
واپسی کا فتنہ

کہانی اینکر

آگ کے بعد۔
نظاروں کے بعد۔
ہتھیار ڈالنے کے بعد۔
وزارت کے بعد۔
گولیوں کے بعد۔
ریسکیو کے بعد۔
یسکارٹس کے بعد۔
فتنہ پھر بھی آیا۔
اس لیے نہیں کہ اسلام مضبوط ثابت ہوا۔
لیکن چونکہ عیسائیت متضاد نظر آتی تھی۔
اس نے واضح طور پر گواہی دی ہے: ایک نکتہ تھا جو اس نے پہلے ہی طے کر لیا تھا۔

وہ ایک آخری پیغام سنائے گا۔
پھر واپسی۔

اس نے اپنی سابقہ زندگی کے نظم و ضبط کو اس سمجھوتے کے خلاف تولا تھا جس کا اس نے مشاہدہ کیا تھا۔
اور پیچھے ہٹنا منطقی محسوس ہوا۔
یہ سوچنے والا ہے۔

ایک آدمی جس نے جنت کو دیکھا۔
ایک آدمی جس نے جہنم کو دیکھا۔ ایک آدمی جو قتل سے بچ گیا۔
پھر بھی واپس جانے کے لالچ کا سامنا کرنا پڑا۔
فتنہ ہمیشہ شک کے بارے میں نہیں ہوتا ہے۔
کبھی کبھی یہ مایوسی کے بارے میں ہے.

کلام کے اینکرز

عہد نامہ قدیم

اور جب اُن کو یاد آیا کہ خُدا اُن کی چٹان ہے... اس کے باوجود اُنہوں نے اپنے منہ''
''سے اُس کی چاپلوسی کی... کیونکہ اُن کا دل اُس کے ساتھ ثابت قدم نہیں تھا۔

— زبور 35:78-37

یادداشت ثابت قدمی کی ضمانت نہیں دیتی۔

نیا عہد نامہ

"کیونکہ دیماس نے مجھے چھوڑ دیا ہے، اس موجودہ دنیا سے محبت کر کے۔"

—تیمتھیس 4:10 2

کچھ اچھی شروعات کرتے ہیں۔

کچھ واپس۔

سبق

واپسی کے لالچ کا مطلب یہ نہیں کہ آپ کبھی مخلص نہیں تھے۔

اس کا مطلب ہے کہ آپ انسان ہیں۔

واپسی اس طرح نظر آسکتی ہے:

- پرانی عادات کی طرف واپس جانا۔
- نرمی کا یقین۔
- معیار کو کم کرنا۔
- روحانی سستی۔
- جذباتی واپسی.
- الٰہیات کے بھیس میں ناراضگی۔

آپ عوامی طور پر مسیح کو ترک نہیں کر سکتے۔

لیکن آپ اندر کی طرف بڑھ سکتے ہیں۔

واپسی خاموشی سے شروع ہوتی ہے۔

یہ اس سے شروع ہوتا ہے:

''میں تھک گیا ہوں۔''

یہ اس کے قابل نہیں ہے۔" "کم از کم پہلے، نظم و ضبط تھا۔" "کوئی بھی زندہ نہیں
"رہتا جس کی وہ تبلیغ کرتے ہیں۔

پسپائی اسی طرح بولتی ہے۔

دشمن شاذ و نادر ہی پہلے مسیح کے انکار کے ساتھ حملہ کرتا ہے۔

وہ حوصلہ شکنی کے ساتھ حملہ کرتا ہے۔

عکاسی کے سوالات

1.میں نے چپکے سے اعتکاف کو کہاں سمجھا ہے؟
2.کس مایوسی نے اس سوچ کو جنم دیا؟
3.کیا میں اپنے عقائد پر بات کر رہا ہوں؟
4.کون سا پرانا نمونہ دوبارہ پرکشش محسوس ہوتا ہے؟
5.اگر میں لوٹوں گا تو کیا کھوؤں گا؟

شرم کے بغیر لکھیں۔

اعلامیہ

کھڑے ہو کر اعلان کریں:

میں واپس نہیں آؤں گا۔"

مایوسی مجھ پر قابو نہیں پائے گی۔ میری وفاداری طے پا گئی ہے۔ میں عہد پر "مذاکرات نہیں کروں گا۔

اسے مضبوطی سے دہرائیں۔

ساختی نماز (45 منٹ)

1. عبادت (10 منٹ)
مسیح کو غیر تبدیل شدہ تسلیم کریں۔
2. اعتراف (10-15 منٹ)
حوصلہ شکنی کے علاقوں کو نام دیں۔
3. طاقت (15 منٹ)
مایوسی میں برداشت کے لیے دعا کریں۔
4. عزم (5 منٹ)
زبانی طور پر وفاداری کی تصدیق کریں۔

کے ساتھ بند کریں:
"واپس جانے میں بہت دیر ہو چکی ہے۔"

ایکشن پوائنٹس

1.روحانی بہاؤ کے ایک شعبے کی نشاندہی کریں اور آج ہی اسے درست کریں۔
2.ایک اثر و رسوخ کھانا کھلانے کی حوصلہ شکنی کو دور کریں۔
3.سونے سے پہلے اپنی بیعت کو دوبارہ بلند آواز سے کہیں۔
4.زبور 78 اور 2 تیمتھیس 4 کو پڑھیں۔
5.آج رات اپنی نماز کے نظم و ضبط کو مضبوط کریں۔

دن 30
"ہم بہت دور جا چکے ہیں"

کہانی اینکر

وہ پہلے ہی فیصلہ کر چکا تھا۔
وہ ایک آخری پیغام سنائے گا۔
اس کے بعد - وہ واپس آجائے گا۔
اندرونی فیصلہ ہو چکا تھا۔

عوامی طور پر نہیں۔
نجی طور پر۔

انہوں نے ایک بڑے اجتماع میں تبلیغ کی۔
ماحول طاقتور تھا۔
لوگ رو پڑے۔خدا کی موجودگی حرکت میں آگئی۔
لیکن اندر، اس نے نتیجہ اخذ کیا تھا:
"یہ میرا آخری پیغام ہے۔"

اس کے بعد، وہ اسے واپس اپنے ہوٹل لے گئے۔
ان کے جڑواں بھائی اور دیگر رہنما موجود تھے۔
اس نے دروازہ کھولا۔
اور وہ کہتا ہے کہ عیسیٰ وہاں کھڑا تھا۔

علامتی نہیں۔
تصور بھی نہیں کیا گیا، کافی حقیقت ہے کہ وہ اقتدار کی زد میں آ گیا۔
کمرے میں موجود دوسروں کو کچھ محسوس ہوا۔
لیکن اس نے دیکھا۔

اور الفاظ سیدھے تھے:
"ہم بہت دور جا چکے ہیں۔ واپس جانے میں بہت دیر ہو چکی ہے۔"
ایسے لمحات ہوتے ہیں جب خدا آپ کے نجی اعتکاف میں خلل ڈالتا ہے۔
وہ بحث نہیں کرتا۔
وہ یاد دلاتا ہے۔

آپ نے بہت زیادہ دیکھا ہے۔
تم بہت جان چکے ہو تم بہت دور آگئے ہو۔
پسپائی اب معصومیت نہیں رہی۔
یہ بغاوت ہے۔

کلام کے اینکرز
عہد نامہ قدیم

"لوط کی بیوی کو یاد کرو۔"
(لوقا 17:32 (پیدائش 19 کا حوالہ دیتے ہوئے —
پیچھے مڑ کر دیکھنا تقدیر کو مہنگا پڑ سکتا ہے۔

نیا عہد نامہ

"کوئی بھی جو ہل پر ہاتھ رکھے اور پیچھے مڑ کر دیکھے وہ خدا کی بادشاہی کے لائق نہیں ہے۔"
لوقا 9:62—

آگے عہد ہے۔
پسماندہ سمجھوتہ ہے۔

سبق

فیصلہ کرنے سے پہلے خدا ہمیشہ آپ کو نہیں روکتا۔
۔کبھی کبھی وہ انتظار کرتا ہے جب تک کہ آپ فیصلہ نہ کریں
پھر آپ کا سامنا کریں۔
ہو سکتا ہے آپ یسوع کو ہوٹل کے کمرے میں نہ دیکھیں۔
لیکن آپ کو ایسے لمحات کا سامنا کرنا پڑے گا جہاں یقین واضح طور پر بولتا ہے:
"تم واپس نہیں جا سکتے۔"

جب حقیقت گہرائی سے آشکار ہو جائے تو
واپسی جہالت نہیں ہوتی۔

یہ انکار ہے۔
ایک لائن ہے۔

ایک بار عبور کرنے کے بعد
پیچھے ہٹنا محفوظ نہیں رہتا۔
کچھ مومنوں کا خیال ہے کہ وہ بغیر کسی نتیجے کے بہہ سکتے ہیں۔
لیکن جب عہد پر مہر لگ جاتی ہے تو
واپسی روح کو زخم دیتی ہے۔
ایسے لمحات ہیں جہاں آسمان کہتا ہے:

کافی
صرف فارورڈ کریں۔

عکاسی کے سوالات

1.کیا میں نے پیچھے ہٹنے کا کوئی نجی فیصلہ کیا ہے؟
2.میں نے کون سی سچائی دیکھی ہے جو واپسی کو ناممکن بنا دیتی ہے؟
3.میں جذباتی ہو کر کہاں پیچھے دیکھ رہا ہوں؟
4.میری روح کو واپس جانے کی کیا قیمت ہوگی؟
5.اگر یسوع آج رات میرے سامنے آئے تو وہ کیا کہے گا؟

تحمل سے جواب دیں۔
اعلامیہ
کھڑے ہو کر اعلان کریں:
مجھے واپس جانے میں بہت دیر ہو چکی ہے۔"
میں نے بہت کچھ دیکھا ہے۔ میں بہت زیادہ جانتا ہوں۔ میرا عہد قائم ہے۔ صرف
"آگے بڑھو۔

اسے آہستہ آہستہ دہرائیں۔
ساختی نماز (45 منٹ)

تعظیم (10 منٹ) .1
مسیح کو رب کے طور پر تسلیم کریں۔
اعتراف (15 منٹ) .2
کسی بھی اندرونی پسپائی کا اعتراف کریں۔
دوبارہ عہد (15 منٹ) .3
بلند آواز سے اپنی وفاداری کی تجدید کریں۔
سیل کرنا (5 منٹ) .4
واپسی کے لیے زبانی طور پر دروازہ بند کر دیں۔

کے ساتھ بند کریں:
"میری بیعت پر مہر لگ گئی ہے۔"

دن 31
آپ کے پاس ایک اسائنمنٹ ہے۔

کہانی اینکر

ا
سی تصادم میں تصادم کے بعد کمیشن آگیا۔
"آپ کو مسیح کے جسم میں ایک تفویض ہے۔"
سکون نہیں۔
مقبولیت نہیں۔
اسائنمنٹ

اسے کہا گیا کہ وہ معیار بلند کرے۔
چوکیداروں کو اکسانے کے لیے۔ الارم بجانے کے لیے۔
بقا کا خاتمہ نہیں تھا۔
یہ تیاری تھی۔
حفاظت کے لیے تحفظ موجود نہیں ہے۔
یہ خدمت کے لیے موجود ہے۔
جب آسمان کسی کو بار بار محفوظ رکھتا ہے
تو اس کی وجہ یہ ہے کہ جنت کسی چیز کی توقع رکھتی ہے۔
تفویض ابہام کی جگہ لے لیتا ہے۔
،ایک بار تفویض واضح ہونے کے بعد
بہتی ہوئی نافرمانی بن جاتی ہے۔

کلام کے اینکرز
عہد نامہ قدیم

میں نے تجھے رحم میں پیدا کرنے سے پہلے میں تجھے جانتا تھا... میں نے"
تجھے قوموں کے لیے نبی بنایا تھا۔"
—یرمیاہ 1:5

کال کرنا تنازعات سے پہلے ہے۔
نیا عہد نامہ

"کیونکہ ہم اُس کی کاریگری ہیں، جو مسیح یسوع میں اچھے کاموں کے لیے پیدا
کیے گئے ہیں، جنہیں خُدا نے پہلے سے تیار کیا تھا۔"
—افسیوں 2:10

مقصد کے لیے محفوظ کیا گیا۔

سبق

بہت سے مومن مخلص ہیں۔
چند جان بوجھ کر ہیں۔
آپ موجود ہونے کے لیے محفوظ نہیں ہیں۔
آپ کی خدمت کرنے کے لئے محفوظ کیا جاتا ہے.
تفویض منبر نہیں ہوسکتا ہے۔
یہ خاندان ہو سکتا ہے، کاروبار ہو سکتا ہے، شفاعت ہو سکتا ہے، اثر ہو سکتا ہے۔
لیکن آپ کے پاس ایک ہے۔
اگر خدا نے آپ کو محفوظ رکھا ہے تو
اس میں مقصد وابستہ ہے۔

خطرہ نجات نہیں کھو رہا ہے۔
خطرہ اسائنمنٹ کو ضائع کرنا ہے۔

عکاسی کے سوالات

1.میری اسائنمنٹ کیا ہو سکتی ہے؟
2.میرا بوجھ مستقل طور پر کہاں لوٹتا ہے؟
3.اطاعت کا کون سا شعبہ مجھے ڈراتا ہے؟
4.کیا میں مقصد کے ساتھ غیر فعال رہا ہوں؟
5.اگر میں صرف ایک چیز کو پورا کرتے ہوئے مر گیا ہوں تو اسے کیا ہونا چاہئے؟

جان بوجھ کر جواب دیں۔

اعلامیہ

کھڑے ہو کر اعلان کریں:

"میرے پاس ایک اسائنمنٹ ہے۔
میں تحفظ کو ضائع نہیں کروں گا۔ میں اپنے دائرے میں معیار بلند کروں گا۔ میں ذمہ داری قبول کرتا ہوں۔"

اسے مضبوطی سے دہرائیں۔

ساختی نماز (45 منٹ)

1. عبادت (10 منٹ)
پکارنے والے کے طور پر خدا کی عزت کریں۔
2. انکوائری (15 منٹ)
"واضح طور پر پوچھیں: "میری اسائنمنٹ کیا ہے؟
3. ہتھیار ڈال دیں (10 منٹ)
اپنی زندگی کو پوری طرح پیش کریں۔
4. ہمت (10 منٹ)
فرمانبرداری کے لیے دلیری کے لیے دعا کریں۔

کے ساتھ بند کریں:
"مجھے بھیج دو۔"

دن 32
7 روزہ اسٹریٹجک ڈسپلن ری سیٹ

کہانی اینکر

عسکریت پسندوں کی تشکیل نے کام کیا کیونکہ یہ دہرایا جاتا تھا۔
نماز کے چکر اختیاری نہیں تھے۔
روزے کا ڈھانچہ تھا' اطاعت نافذ تھی۔
ہتھیار ڈالنے کے بعد، اگر نظم و ضبط دوبارہ نہ بنایا گیا ہوتا، تو پرانا ڈھانچہ دوبارہ اپنے علاقے پر قبضہ کر لیتا۔
آپ مضبوط ڈھانچے کو کمزور عقیدت سے نہیں بدل سکتے۔
روحانی شدت کے لیے بنیادی ڈھانچے کی ضرورت ہوتی ہے۔
ساخت کے بغیر بقا مستقبل کے خاتمے کو جنم دیتی ہے۔
اس لیے نظم و ضبط جان بوجھ کر ہونا چاہیے۔
مبہم نہیں۔
جذباتی نہیں۔
ناپا۔
تحفظ یافتہ۔
دہرایا۔

کلام کے اینکرز

عہد نامہ قدیم

"پھر دانیال... گھر گیا... اور اس دن تین بار گھٹنوں کے بل گرا، اور دعا کی اور اپنے خدا کا شکر ادا کیا، جیسا کہ اس کا ابتدائی دنوں سے رواج تھا۔"
— دانی ایل 6:10

بحران نے رواج کو منسوخ نہیں کیا۔

نیا عہد نامہ

"خدا پرستی کے مقصد کے لئے اپنے آپ کو نظم و ضبط کرو۔"
— 1 تیمتھیس 4:7

خدا پرستی حادثاتی طور پر نہیں بڑھتی ہے۔

7 دن کا ری سیٹ ماڈل

یہ قانون پرستی نہیں ہے۔
یہ فاؤنڈیشن کی تعمیر نو ہے۔
اگلے 7 دنوں کے لیے:

1 نماز کا مقررہ وقت

روزانہ ایک بلاتعطل گھنٹہ۔

کم از کم
غیر گفت و شنید۔

60 منٹ کی ساخت کا استعمال کریں:

- 30 عبادت
- 10 خودمختاری
- 10 توبہ
- 10 فرمان

کوئی ملٹی ٹاسکنگ نہیں۔

2 صحیفہ سیچوریشن

7 دنوں میں ایک انجیل مکمل طور پر پڑھیں۔
اتفاقاً نہیں۔

نمایاں کریں۔
انڈر لائن کریں۔ نوٹ لکھیں۔

3 انٹیگریٹی آڈٹ

ہر رات پوچھیں :

- کیا میری نجی زندگی میرے اعتراف سے مطابقت رکھتی ہے؟
- میں نے کہاں سمجھوتہ کیا؟
- کیا میں نے جلدی سے حکم مان لیا؟

مختصر جوابات لکھیں۔

4 تقریری نظم و ضبط

کوئی شکایت نہیں۔
کوئی گپ شپ نہیں۔کوئی مبالغہ آرائی نہیں۔

زبانی تحمل کے سات دن۔

5 روزہ رکھنا

7 دنوں میں کم از کم ایک جان بوجھ کر روزہ رکھنا۔

رسم نہیں۔
جان بوجھ کر

6 ڈیجیٹل کمی
شور کو کم کریں۔

میڈیا کو محدود کریں۔
اسکرولنگ کو محدود کریں۔

توجہ کی حفاظت کریں۔
7 روزانہ احتساب
کسی قابل اعتماد شخص کو مطلع کریں۔
روزانہ تکمیل کی اطلاع دیں۔
سبق
روحانی بہاؤ لطیف ہے۔
نظم و ضبط جان بوجھ کر ہے۔
،اگر آپ دوبارہ ترتیب نہیں دیتے ہیں
تو آپ واپس جائیں گے۔
شدت ختم ہو جاتی ہے۔
کمفرٹ creeps.Compromise negotiates.

لیکن تال کنارے کو بحال کرتا ہے۔
جان بوجھ کر دوبارہ ترتیب دینے کے سات دن
حساسیت کو بحال کر سکتے ہیں۔

عکاسی کے سوالات

1.میرا نظم و ضبط کہاں کمزور ہو گیا ہے؟
2.کن عادات کی فوری تعمیر نو کی ضرورت ہے؟
3.کیا میں روزانہ ایک گھنٹے کی حفاظت کرنے کو تیار ہوں؟
4.کس خلفشار کو دور کرنا چاہیے؟
5.کون میرا احتساب کر سکتا ہے؟

عملی طور پر جواب دیں۔

اعلامیہ
کھڑے ہو کر اعلان کریں:
میں نظم و ضبط پر مبنی عقیدے کا انتخاب کرتا ہوں۔"

میں غیر معمولی عیسائیت کو مسترد کرتا ہوں۔ میں ڈھانچہ دوبارہ تعمیر کروں گا۔
"میں بہہ نہیں جاؤں گا۔

اسے آہستہ آہستہ دہرائیں۔

ساختی نماز (45 منٹ)

1. عبادت (10 منٹ)
نظم و ضبط کی عبادت کے لائق خدا کی تعظیم کریں۔

2. توبہ (10 منٹ)
سستی کے علاقوں کا اعتراف کریں۔

3. الائنمنٹ (15 منٹ)
ری سیٹ مکمل کرنے کے لیے طاقت طلب کریں۔

4. سیلنگ (10 منٹ)
اگلے 7 دن بلند آواز میں کریں۔

کے ساتھ بند کریں:
"میں اس ری سیٹ کو ختم کر دوں گا۔"

ایکشن پوائنٹس

1.آج رات اپنا 7 دن کا شیڈول لکھیں۔
2.فوری طور پر ایک اہم خلفشار کو دور کریں۔
3.اپنے احتسابی ساتھی کو مطلع کریں۔
4.بغیر کسی تاخیر کے کل صبح شروع کریں۔
5.بظاہر تکمیل کو ٹریک کریں۔

دن 33
بیعت کا اعلان

کہانی اینکر

اس نے لائنیں کراس کیں۔

موروثی ایمان سے
سپرد شدہ ایمان تک۔
تشکیل سے
محاذ آرائی تک۔
ظلم و ستم سے
تحفظ تک۔
فتنہ سے
کمیشن تک۔
بقا سے
نظم و ضبط تک۔

کسی وقت، بیعت اندرونی احساس ہونے سے رک جاتی ہے۔
یہ اعلان شدہ عہد بن جاتا ہے۔

جب سپاہی وفاداری کا عہد کرتے ہیں
تو بولا جاتا ہے۔
،جب عہد نامہ کلام میں بنائے جاتے ہیں
تو وہ زبانی ہوتے ہیں۔

بیعت کا اظہار ہونا چاہیے۔

،کیونکہ جو آپ بیان نہیں کرتے
آپ دوبارہ مذاکرات کریں گے۔

کلام کے اینکرز
عہد نامہ قدیم

"جہاں تک میرا اور میرے گھر کا تعلق ہے، ہم خداوند کی خدمت کریں گے۔"
—یشوع 24:15

عوامی اعلان نجی فیصلے پر مہر لگا دیتا ہے۔

نیا عہد نامہ

اگر آپ اپنے منہ سے خداوند یسوع کا اقرار کرتے ہیں اور اپنے دل سے یقین" "کرتے ہیں... تو آپ بچ جائیں گے۔

—رومیوں ۹:۱۰

عقیدہ اندرونی۔

اعتراف بیرونی۔

سبق

اگر آپ واضح طور پر عہد کا اعلان کرتے ہیں تو آپ بہہ نہیں سکتے۔

،لیکن اگر آپ کا عزم غیر متعینہ رہتا ہے

تو یہ بات چیت کے قابل رہتا ہے۔

بیعت کا اعلان چار چیزیں کرتا ہے:

1.یہ شناخت کو واضح کرتا ہے۔
2.یہ اعتکاف کو بند کرتا ہے۔
3.یہ مذاکرات کو خاموش کر دیتا ہے۔
4.یہ احتساب قائم کرتا ہے۔

جس چیز پر مہر لگا دی گئی ہے اسے دشمن آسانی سے فتنہ میں نہیں ڈال سکتا۔

آپ کو واضح طور پر کہنا چاہئے:

آپ کس سے تعلق رکھتے ہیں۔

جسے آپ مسترد کرتے ہیں، جس کا آپ عہد کرتے ہیں، جس پر آپ سمجھوتہ نہیں کریں گے۔

بیعت کا اعلان

کھڑے ہو جاؤ۔

آہستہ سے کہو:

میں یسوع مسیح سے تعلق رکھتا ہوں۔"

میری وفاداری آباد ہے۔ میں سمجھوتہ پر واپس نہیں آؤں گا، میں تقسیم نہیں رہوں گا، میں اپنی زندگی میں معیار بلند کروں گا، میں نظم و ضبط سے چلوں گا، میں اپنی ذمہ داری قبول کروں گا، میں منافقت کو مسترد کرتا ہوں، میں پیچھے ہٹنے سے انکار "کرتا ہوں، میری زندگی مقصد کے لیے محفوظ ہے، صرف آگے بڑھنا ہے۔

توقف۔

اسے دوبارہ دہرائیں۔

عکاسی کے سوالات

1.کیا میں نے کبھی زبانی طور پر اپنی بیعت پر مہر ثبت کی ہے؟
2.میری زندگی کا کون سا شعبہ اب بھی مذاکرات کرتا ہے؟
3.کیا میری روزمرہ کی عادات میرے اعلان سے میل کھاتی ہیں؟
4.کون جانتا ہے کہ میری بیعت ہو گئی؟
5.اگر عوامی طور پر ٹیسٹ کیا جائے تو کیا میں کھڑا رہوں گا؟

واضح طور پر لکھیں۔

ساختی نماز (45 منٹ)

1. عبادت (10 منٹ)

مسیح کو خُداوند کے طور پر عزت دو۔

2. اعلان (10 منٹ)

اپنی بیعت کو بلند آواز سے دہرائیں۔

3. ہتھیار ڈال دیں (15 منٹ)

اپنے مستقبل، منصوبے، عزائم پیش کریں۔

4. سیلنگ (10 منٹ)

عہد کو مضبوط کرنے کے لیے روح القدس سے پوچھیں۔

کے ساتھ بند کریں:
"میری بیعت پر مہر لگ گئی ہے۔"

ایکشن پوائنٹس

1.اپنے جریدے میں اپنی وفاداری کا اعلان لکھیں۔
7.2 دن تک روزانہ بولیں۔
3.اپنے کسی قریبی کو اپنی وابستگی سے آگاہ کریں۔
4.ایک سمجھوتہ فوری طور پر ہٹا دیں۔
5.ماہانہ اس اعلان پر نظر ثانی کریں۔

دن 34
اتھارٹی میں کھڑے ہیں۔

کہانی اینکر

تھیار ڈالنے کے بعد۔ ٥
ظلم و ستم کے بعد۔
تحفظ کے بعد۔
کمیشن کے بعد۔
اتھارٹی اب نظریاتی نہیں رہی۔
جب گولیوں نے اسے ختم نہیں کیا۔
جب محافظوں نے اس کی حفاظت کی۔
جب اس نے دھمکی کے ساتھ تبلیغ جاری رکھی۔
اتھارٹی نظر آنے لگی۔
اونچی آواز میں نہیں۔
لیکن آباد۔
اتھارٹی حجم نہیں ہے۔
اتھارٹی صف بندی ہے۔
آپ شور مچانے سے اقتدار حاصل نہیں کرتے۔
آپ ہتھیار ڈال کر اختیار حاصل کرتے ہیں۔

کلام کے اینکرز

عہد نامہ قدیم

"دیکھو، میں نے تمہیں دشمن کی تمام طاقت پر اختیار دیا ہے۔"
(لوقا 10:19 (پیغمبرانہ اختیار کے نمونے کی تکمیل —
(ہم اس کے ساتھ اینکر کرتے ہیں لیکن OT کو واضح طور پر شامل کرتے ہیں :)
تب داؤد نے فلستی سے کہا... میں رب الافواج کے نام سے تیرے پاس آیا ہوں۔
سموئیل 17:45 1—

اتھارٹی عہد پر مبنی ہے۔

نیا عہد نامہ

"سارا اختیار مجھے دیا گیا ہے... اس لیے جاؤ۔"
متی 18:28-19—

اتھارٹی مسیح سے آتی ہے - خود سے نہیں۔

سبق

مومنین کی تین قسمیں ہیں:

1.بغیر اختیار کے ماننے والے - خوفزدہ اور رد عمل۔
2.وہ مومن جو اختیار کی نقل کرتے ہیں — بلند آواز لیکن غیر مستحکم۔
3.وہ مومن جو اختیار میں چلتے ہیں - خاموش لیکن غیر منقولہ۔

حقیقی اختیار اس سے آتا ہے:

- صاف ضمیر۔
- مستقل اطاعت۔
- منظم نماز کی زندگی۔
- مہر بند بیعت۔
- اسائنمنٹ صاف کریں۔

اگر آپ منقسم رہتے ہیں تو آپ خوف کو نہیں نکال سکتے۔
اگر آپ نجی طور پر مذاکرات کرتے ہیں تو آپ ثابت قدم نہیں رہ سکتے۔
اتھارٹی آسمانی حکومت کے ساتھ سیدھ میں ہے۔
اور اختیار کا استعمال اس کے ذریعے کیا جاتا ہے:

- الفاظ
- فیصلے۔
- حدود
- موجودگی

عکاسی کے سوالات

1.کیا میں اپنی روحانی اتھارٹی کو سمجھتا ہوں؟
2.جب مجھے ثابت قدم رہنا چاہیے تو میں کہاں ڈرپوک کام کروں؟
3.کیا کوئی پوشیدہ سمجھوتہ میرے اعتماد کو کمزور کر رہا ہے؟

4.کیا میں ذمہ داری سے اختیار کا استعمال کرتا ہوں؟
5.کیا میری نماز کی زندگی کسی ایسے شخص کی عکاسی کرتی ہے جو ان کے مقام کو جانتا ہے؟

ایمانداری سے جواب دیں۔

اعلامیہ

کھڑے ہو کر اعلان کریں:

میں مسیح کے اختیار میں کھڑا ہوں۔"

میں آسمانی حکومت کے ساتھ منسلک ہوں۔ میں پیچھے نہیں ہٹوں گا، میں اختیار
"کا غلط استعمال نہیں کروں گا۔ میں نظم و ضبط کے ساتھ اعتماد کے ساتھ چلتا ہوں۔

مضبوطی سے دہرائیں۔

ساختی نماز (45 منٹ)

1. عبادت (10 منٹ)

بادشاہ کے طور پر مسیح کی عزت کریں۔

2. صف بندی (15 منٹ)

صاف دل اور سالمیت کے لیے دعا کریں۔

3. دعویٰ (10 منٹ)

اپنی زندگی پر کلام کا اعلان کریں۔

4. ذمہ داری (10 منٹ)

عاجزی کے ساتھ اختیار کو لے جانے کے لیے حکمت طلب کریں۔

کے ساتھ بند کریں:

"میں ثابت قدم ہوں۔"

ایکشن پوائنٹس

1.ایک ایسے علاقے کی نشاندہی کریں جہاں آپ کو روحانی اختیار کا استعمال کرنا چاہیے۔
2.آپ کی پوزیشن کو کمزور کرنے والے کسی بھی سمجھوتہ کو ہٹا دیں۔
3.اپنے ماحول پر کلام پاک بولیں۔
4.آج اپنے نماز کے نظم و ضبط کو مضبوط کریں۔
5.مسیح میں اپنی شناخت کے بارے میں شعوری طور پر چلیں۔

دن 35
شدت سے آگے برداشت

کہانی اینکر

آگ شدید تھی۔
بینائی شدید تھی۔
ہوٹل کا مقابلہ شدید تھا۔
فائرنگ شدید تھی۔
انخلاء شدید تھا۔
لیکن شدت لمحاتی ہے۔
برداشت زندگی بھر ہے۔

میڈیا ختم ہونے کے بعد۔
یسکارٹس معمول پر آنے کے بعد۔ خطرہ کم ہونے کے بعد۔ ہجوم آگے بڑھنے کے بعد۔

آپ عام دنوں کے ساتھ رہ گئے ہیں۔
اور عام دن لمبی عمر کا تعین کرتے ہیں۔
بہت سے لوگ مضبوط شروع کرتے ہیں۔
چند مستحکم رہتے ہیں۔
برداشت ڈرامائی نہیں ہے۔
یہ نظم و ضبط کی تکرار ہے۔

کلام کے اینکرز

عہد نامہ قدیم

"آئیے ہم صبر کے ساتھ اس دوڑ میں دوڑیں جو ہمارے سامنے رکھی گئی ہے۔"
—عبرانیوں 12:1

ریس ایک سپرنٹ نہیں ہے۔
(یہ مسیح میں پرانے عہد کی ثابت قدمی کی عکاسی کرتا ہے۔)
اس کے علاوہ:

"اگرچہ اس میں تاخیر ہوتی ہے، اس کا انتظار کرو۔"

—2:3 حبقوق

تاخیر سے ٹیسٹ کی صلاحیت۔

نیا عہد نامہ

"جو آخر تک برداشت کرے گا وہ نجات پائے گا۔"

—24:13 متی

وہ نہیں جو زور سے شروع کرتا ہے۔
وہ جو برداشت کرتا ہے۔

سبق

برداشت اس کے ذریعے کی جاتی ہے:

- روزانہ کی نماز۔
- مستقل اطاعت۔
- جرم سے انکار۔
- اپنے دل کی حفاظت کرنا۔
- پاکیزگی کی حفاظت۔
- لگائے رہنا۔

روحانی زوال شاذ و نادر ہی اچانک ہوتا ہے۔
یہ آہستہ آہستہ ختم ہوتا ہے۔
برداشت کال کی حفاظت کرتی ہے۔
آپ جذبات سے برداشت نہیں کرتے۔
آپ تال سے برداشت کرتے ہیں۔
آپ عوامی تعریف سے برداشت نہیں کرتے۔
آپ نجی نظم و ضبط سے برداشت کرتے ہیں۔
اگر آپ بوریت سے نہیں بچ سکتے،
تو آپ لمبی عمر تک زندہ نہیں رہ سکتے۔

عکاسی کے سوالات

1. کیا میں استحکام سے زیادہ شدت تلاش کرتا ہوں؟
2. جب جوش ختم ہو جائے تو میں کیسے جواب دوں؟
3. کون سے مضامین میری طویل مدتی واک کی حفاظت کرتے ہیں؟
4. کیا میں ایسی عادات بنا رہا ہوں جو 20 سال تک چل سکتی ہیں؟
5. اگر ظلم کل لوٹ آیا تو کیا میں پھر بھی کھڑا رہوں گا؟

گہرائی سے جواب دیں۔

اعلامیہ

کھڑے ہو کر اعلان کریں:

میں برداشت کروں گا۔"

میں جلوں گا نہیں۔ میں بہہ نہیں جاؤں گا۔

میں ثابت قدم رہوں گا۔

"میرا ایمان طویل مدتی ہے۔

اسے آہستہ آہستہ دہرائیں۔

ساختی نماز (45 منٹ)

1. عبادت (10 منٹ)

مسیح کی بطور وفادار عزت کریں۔

2. طاقت (15 منٹ)

روحانی صلاحیت کے لیے پوچھیں۔

3. تحفظ (10 منٹ)

آہستہ بڑھنے کے خلاف دعا کریں۔

4. عزم (10 منٹ)

طویل فرمانبرداری کا عہد کریں۔

کے ساتھ بند کریں:

"میں اچھی طرح ختم کروں گا۔"

ایکشن پوائنٹس

1.ایک طویل مدتی نظم و ضبط کو مضبوط کریں۔

2.ایک پیٹرن کو ہٹا دیں جو برن آؤٹ کی طرف جاتا ہے۔

3.روحانی طور پر پیچھے ہٹے بغیر جان بوجھ کر آرام کریں۔

4.عبرانیوں 12 کو آہستہ سے پڑھیں۔

5.اپنے اگلے 30 دنوں کی روحانی منصوبہ بندی کریں۔

دن 36
تقدس بطور تحفظ

کہانی اینکر

گ

ولیوں نے اسے ختم نہیں کیا۔
دھمکی نے اسے خاموش نہیں کیا۔
اپوزیشن نے اسے کرپشن نہیں کی۔
لیکن اس سے کہیں زیادہ خطرناک چیز خاموشی سے سب کچھ تباہ کر سکتی تھی۔
نجی سمجھوتہ۔
کوئی محافظ آپ کو خفیہ گناہ سے نہیں بچا سکتا۔
کوئی بھی صدارتی مداخلت سالمیت کو محفوظ نہیں رکھ سکتی۔
کوئی طبی انخلاء اخلاقی زوال کا علاج نہیں کر سکتا۔
سب سے بڑا خطرہ شاذ و نادر ہی بیرونی ہوتا ہے۔
یہ اندرونی کٹاؤ ہے۔
تقدس قانون پرستی نہیں ہے۔
یہ روحانی تحفظ ہے۔

جب ضمیر صاف ہوتا ہے تو
اختیار مضبوط رہتا ہے۔
جب دل بٹ جاتا ہے تو
اعتماد کمزور ہو جاتا ہے۔
دشمن کو تشدد کے ذریعے ناکام بنایا۔
وہ کرپشن کی کوشش کرے گا۔

کلام کے اینکرز
عہد نامہ قدیم

کون خداوند کی پہاڑی پر چڑھ سکتا ہے؟ ... وہ جس کے ہاتھ صاف اور پاک دل" ہیں۔"

—زبور 3:24-4—

رسائی کے لیے پاکیزگی کی ضرورت ہوتی ہے۔

نیا عہد نامہ

"تقدس کا پیچھا کرو، جس کے بغیر کوئی رب کو نہیں دیکھ سکے گا۔"
عبرانیوں 12:14—

تقدس اختیاری نہیں ہے۔

سبق

تقدس تین طریقوں سے حفاظت کرتا ہے:

1.یہ اختیار کو محفوظ رکھتا ہے۔
2.یہ ساکھ کی حفاظت کرتا ہے۔
3.یہ نسلی اثرات کو محفوظ رکھتا ہے۔

اذیت آپ کو بلند کر سکتی ہے۔
گناہ آپ کو نااہل کر دے گا۔
سب سے المناک کہانیاں وہ نہیں ہیں جن پر حملہ کیا گیا۔
وہ وہ ہیں جو محفوظ تھے - لیکن بعد میں سمجھوتہ کر لیا گیا۔
تقدس خوف کے بارے میں نہیں ہے۔
یہ صف بندی کے بارے میں ہے۔
یہ حفاظت کرتا ہے:

- آپ کی شادی۔
- آپ کی وزارت۔
- آپ کے بچے۔
- آپ کا اثر و رسوخ۔
- آپ کا سکون۔

تقدس روزانہ کی چوکسی ہے۔
کبھی کبھار شدت نہیں۔

عکاسی کے سوالات

1.کیا میری زندگی میں کوئی پوشیدہ سمجھوتہ ہے؟
2.کون سا نجی نمونہ میرے اختیار کو کمزور کر سکتا ہے؟
3.کیا نمائش سے میری ساکھ کو نقصان پہنچے گا؟
4.کیا میں پاکیزگی کے ساتھ اتفاق سے سلوک کر رہا ہوں؟
5.مجھے کن حدود کو مضبوط کرنا چاہیے؟

کارکردگی کے بغیر جواب دیں۔

اعلامیہ

کھڑے ہو کر اعلان کریں:

میں تقدس کی پیروی کرتا ہوں۔"

میری نجی زندگی صاف ستھری رہے گی۔ میں اپنے دل کی حفاظت کرتا ہوں۔ میں
"خفیہ سمجھوتہ کو مسترد کرتا ہوں۔ تقدس میری ذمہ داری کی حفاظت کرتا ہے۔

آہستہ آہستہ دہرائیں۔

ساختی نماز (45 منٹ)

1. عبادت (10 منٹ)

خدا کو مقدس سمجھ کر تعظیم کریں۔

2. امتحان (15 منٹ)

پوشیدہ سمجھوتہ کو ظاہر کرنے کے لیے پوچھیں۔

3. توبہ (10 منٹ)

خاص طور پر اعتراف کریں۔

4. تحفظ (10 منٹ)

اپنی زندگی کی حفاظت کے لیے طاقت مانگیں۔

کے ساتھ بند کریں:

"میرے دل کی حفاظت کرو۔"

ایکشن پوائنٹس

1. آج ایک سمجھوتہ کرنے والے اثر کو ہٹا دیں۔
2. احتساب کو مضبوط کریں۔
3. جان بوجھ کر اپنی سوچ کی زندگی کی حفاظت کریں۔
4. زبور 24 کو آہستہ سے پڑھیں۔
5. ایک حد کو غیر گفت و شنید کے قابل بنائیں۔

دن 37
آپ کی برداشت کیا بناتی ہے۔

کہانی اینکر

ک

ہانی صرف زندہ رہنے کی نہیں ہے۔
یہ اس کے بارے میں ہے جو بقا کے بعد بنایا گیا تھا۔
وزارت جاری رہی۔
چرچ قائم کیا۔
کمیونٹیز متاثر ہوئیں۔
(El- Buba Outreach Ministries International (EBOMI ساختی تسلسل کے طور پر کھڑا ہے۔
خاندان اب بھی اکٹھے کھانا کھاتا ہے — مذہب سے تقسیم لیکن نفرت سے نہیں۔
مسلمان اور عیسائی رشتہ دار ایک میز پر۔
ان کمیونٹیز کی خدمت جہاں بہت سے فائدہ اٹھانے والے مسلمان رہتے ہیں۔
سکولز۔
زرعی امداد۔غریبوں اور مسکینوں کی دیکھ بھال۔اکثریت عیسائی نہیں۔
برداشت پل بناتی ہے۔
تقدس ساکھ کی حفاظت کرتا ہے۔
مستقل مزاجی سے اعتماد حاصل ہوتا ہے۔
نسلی اثرات کو استحکام کی ضرورت ہوتی ہے۔
آپ شدت سے میراث نہیں بناتے ہیں۔
آپ اسے برداشت کے ذریعے بناتے ہیں۔

کلام کے اینکرز

عہد نامہ قدیم

"ایک نسل دوسری نسل کے لیے آپ کے کاموں کی تعریف کرے گی۔"
—زبور 145:4

ایمان کو منتقل ہونا چاہیے۔

نیا عہد نامہ

"جو باتیں تم نے مجھ سے سنی ہیں... ان کو وفادار آدمیوں کو سونپ دو جو دوسروں
کو بھی سکھا سکیں گے۔"
—2 تیمتھیس 2:2

ایک آیت میں چار نسلیں

سبق

آپ کی برداشت صرف آپ کے لیے نہیں ہے۔
یہ بناتا ہے:

- آپ کے بچوں کے لیے استحکام۔
- اپنی برادری پر بھروسہ کریں۔
- منقسم ماحول میں اعتبار۔
- اثر و رسوخ کے لیے پلیٹ فارم۔

اگر آپ اخلاقی طور پر گر جاتے ہیں، تو
اگلی نسل ادا کرے گی۔
اگر آپ ایمانداری سے برداشت کرتے ہیں تو
آنے والی نسل مضبوط ہوتی ہے۔

تقدس میراث کو برقرار رکھتا ہے۔
برداشت اثر کو بڑھاتی ہے۔
آپ کی زندگی الگ تھلگ نہیں ہے۔
یہ نسل در نسل ہے۔

عکاسی کے سوالات

1.میرے بچوں کو میرے چلنے سے کیا ملے گا؟
2.میں کس قسم کا روحانی ماڈل بنا رہا ہوں؟
3.کیا میری برداشت دوسروں کو مضبوط کرتی ہے؟
4.اگر میں آج رک گیا تو کیا میراث باقی ہے؟
5.میری مستقل مزاجی سے کون سیکھ رہا ہے؟

سنجیدگی سے جواب دیں۔

اعلامیہ

کھڑے ہو کر اعلان کریں:

"میری زندگی نسلوں کی طاقت پیدا کرے گی۔
میں گر نہیں جاؤں گا۔ میں وفاداری سے برداشت کروں گا۔ میری فرمانبرداری مجھ
سے زندہ رہے گی۔"

مضبوطی سے دہرائیں۔

ساختی نماز (45 منٹ)

1. **تشکر (10 منٹ)**

اپنی زندگی کے اثر کے لیے خدا کا شکر ادا کریں۔

2. **وژن (15 منٹ)**

اگلی نسل کے استحکام کے لیے دعا کریں۔

3. **تحفظ (10 منٹ)**

خدا سے دعا کریں کہ وہ آپ کی میراث کی حفاظت کرے۔

4. **کمیشن (10 منٹ)**

اچھی طرح سے ختم کرنے کا عہد کریں۔

کے ساتھ بند کریں:

"میری فرمانبرداری بڑھ جائے گی۔"

دن 38

عوامی نظام میں پوشیدہ وفاداری۔

کہانی اینکر

۵ تھیار ڈالنے کے بعد۔
ظلم و ستم کے بعد۔ زندہ رہنے کے بعد۔

وہ تنہائی میں غائب نہیں ہوا۔
اس نے مسلمانوں کی جگہوں سے مکمل طور پر پیچھے نہیں ہٹے۔
۔ خاندان مذہبی طور پر منقسم رہا
لیکن رشتہ داری سے منقطع نہیں ہوا۔

وہ اب بھی ساتھ کھاتے ہیں۔
والدہ نے ایک بار مکمل شفٹ سے پہلے اسی گھر میں خدمت کی تھی۔
بھائی نے تبدیل کیا جبکہ ابھی بھی سرایت ہے۔ شاگردی نظام کے اندر ہوئی۔
آج بھی:
،آؤٹ ریچ اور فاؤنڈیشن کی کوششوں کے ذریعے
فائدہ اٹھانے والوں کی اکثریت مسلمان ہے۔
سکولز۔
زرعی زمین۔ غریبوں کی مدد۔

تبدیلی پر سروس مشروط نہیں ہے۔

بیعت بدل گئی۔
موجودگی باقی رہی۔

یہ اسٹریٹجک میچورٹی ہے۔

کلام کے اینکرز
عہد نامہ قدیم

اور ایسا ہی ہوا، جب نعمان واپس آیا... اُس نے کہا... اِس چیز میں خُداوند تیرے" بندے کو معاف کرے: جب میرا آقا رِمون کے ہیکل میں جاتا ہے ... اور میں اپنے آپ کو "سجدہ کرتا ہوں۔

—2 سلاطین 5:18

نعمان کی بیعت بدل گئی۔

اس کے ماحول نے فوری طور پر نہیں کیا.

اس کے علاوہ:

"داؤد جات کے بادشاہ اکیس کے ساتھ رہتا تھا ۔"

—1 سموئیل 27:3

عہد بندہ۔

غیر ملکی علاقہ۔

نیا عہد نامہ

"...اب ایک فریسی آدمی تھا جس کا نام نیکودیمس تھا"

—یوحنا 3:1

پوشیدہ وفاداری۔

اسٹریٹجک ٹائمنگ۔

اور:

"Arimathea کا جوزف... یسوع کا ایک شاگرد، لیکن یہودیوں کے خوف سے خفیہ طور پر۔"

—یوحنا 19:38

پوشیدہ کا مطلب بے وفا نہیں ہے۔

سبق

تمام فرمانبرداری بلند نہیں ہوتی۔

تمام بیعتوں کو فوری نکالنے کی ضرورت نہیں ہے۔

کچھ اسائنمنٹس کی ضرورت ہوتی ہے:

- اسٹریٹجک موجودگی۔
- رشتہ دار تسلسل۔
- جذباتی ذہانت۔
- صبر۔

اگر ہر کنورٹ نے فوری طور پر ماحول کو ترک کر دیا تو پل گر جائے گا۔

- پوشیدہ شاگردی سمجھوتہ نہیں ہے
اگر بیعت اندرونی طور پر طے ہو جائے۔

خطرہ تقسیم وفاداری ہے۔
لیکن طے شدہ بیعت پیچیدہ نظاموں کے اندر موجود ہوسکتی ہے۔
اس کے لیے پختگی کی ضرورت ہے۔
عدم تحفظ نہیں۔

عکاسی کے سوالات

1. کیا مجھے دستبرداری کے لیے بلایا گیا ہے — یا حکمت عملی کے ساتھ رہنے کے لیے؟
2. کیا مخصوص ماحول میں میری موجودگی سمجھوتہ یا تفویض ہے؟
3. کیا میں خوف اور حکمت میں فرق جانتا ہوں؟
4. میں اعلان کیے بغیر کہاں اثر انداز ہو سکتا ہوں؟
5. کیا میری بیعت اندرونی طور پر طے ہے؟

غور سے جواب دیں۔

اعلامیہ

کھڑے ہو کر اعلان کریں:

میری وفاداری طے پا گئی ہے۔"
میری موجودگی اسٹریٹجک ہوگی۔ میں سمجھوتہ نہیں کروں گا۔ میں سمجھداری
"سے اثر ڈالوں گا۔ جہاں تفویض کی ضرورت ہوگی وہاں رہوں گا۔

آہستہ آہستہ دہرائیں۔

ساختی نماز (45 منٹ)

(عبادت (10 منٹ .1
تمام ماحول میں خودمختار کے طور پر خدا کی عزت کریں۔
(سمجھداری (15 منٹ .2
وضاحت طلب کریں کہ کہاں رہنا ہے اور کہاں واپس جانا ہے۔
(دیانتداری (10 منٹ .3
عوامی نظام کے اندر طے شدہ وفاداری کے لیے دعا کریں۔
(کمیشن (10 منٹ .4
اپنے آپ کو اسٹریٹجک جگہ کے لیے پیش کریں۔

کے ساتھ بند کریں:
"مجھے سمجھداری سے رکھو۔"

ایکشن پوائنٹس

1.ایسے ماحول کی شناخت کریں جہاں آپ کو نمک اور ہلکا ہونا چاہیے۔
2.کسی بھی ماحول کو ہٹا دیں جو سمجھوتہ کا سبب بنتا ہے۔
3.عوامی اثر و رسوخ سے پہلے اندرونی یقین کو مضبوط کریں۔
4.نعمان اور نیکدیمس کا بغور مطالعہ کریں۔
5.منقسم سیاق و سباق میں حکمت کے لیے دعا کریں۔

ہم اب کنارے پر ہیں۔
دن 39 مکمل طور پر عہد پر مہر لگا دے گا۔
دن 40 کمیشن کرے گا.

دن 39
بیعت کا عہد

کہانی اینکر

وہ وراثت میں ملے ایمان سے منتخب ایمان میں داخل ہوا۔
اسے آگ کا سامنا کرنا پڑا۔
اسے گولیوں کا سامنا کرنا پڑا۔
اسے مایوسی کا سامنا کرنا پڑا۔
اسے واپسی کے لالچ کا سامنا کرنا پڑا۔
اس کا سامنا تھا - "ہم بہت آگے جا چکے ہیں۔"
اسے کمیشن دیا گیا تھا - "آپ کے پاس ایک اسائنمنٹ ہے۔"
اس نے نظم و ضبط کو دوبارہ بنایا۔
وہ حفاظت میں کھڑا تھا۔
وہ منقسم جگہوں پر موجود رہا۔
اب جو بچا ہے وہ یہ ہے:
عہد
جذبات نہیں۔
تجربہ نہیں۔
معاہدہ
پوری کتاب میں، جب لوگ خُدا کے ساتھ گہرائی سے چلے، تو انہوں نے عہد پر مہر ثبت کی۔
جوشوا نے اعلان کیا۔
ڈیوڈ نے اس کی حفاظت کی۔
دانیال نے اس کی حفاظت کی۔
پال اس کے نیچے ختم ہو گیا۔
معاہدہ مذاکرات کو بند کرتا ہے۔

کلام کے اینکرز
عہد نامہ قدیم

"...پھر یشوع نے اُس دن لوگوں کے ساتھ عہد باندھا"
—یشوع 24:25

فیصلہ پابند ہو جاتا ہے۔
اس کے علاوہ:
"اس لیے جان لو کہ خداوند تمہارا خدا، وہی خدا، وفادار خدا ہے جو عہد کی پاسداری کرتا ہے..."
- استثنا 7:9

خدا عہد کا احترام کرتا ہے۔
نیا عہد نامہ

"...یہ پیالہ میرے خون میں نیا عہد ہے"
- لوقا 22:20

بیعت کی مہر قربانی سے۔
اور:
"میں نے اچھی لڑائی لڑی ہے، میں نے دوڑ ختم کر دی ہے، میں نے ایمان کو برقرار رکھا ہے۔"
—2 تیمتھیس 4:7

عہد آخر تک قائم رہا۔
سبق
عہد جوش نہیں ہے۔
یہ پابند ارادہ ہے۔
یہ چار سوالوں کے جواب دیتا ہے:

1. میرا تعلق کس سے ہے؟
2. میں کیا رد کروں؟
3. میں کس چیز کا عہد کروں؟
4. میں کیا کبھی دوبارہ مذاکرات نہیں کروں گا؟

عہد کے بغیر، نظم و ضبط ختم ہو جاتا ہے۔
عہد کے بغیر برداشت کمزور ہو جاتی ہے۔
عہد کے بغیر، تقدس مذاکرات کرتا ہے۔
عہد شناخت کو ٹھیک کرتا ہے ۔
یہ کارکردگی کے بارے میں نہیں ہے۔
یہ طے شدہ بیعت کے بارے میں ہے۔

آپ یا تو ہیں:

کبھی کبھار عہد کیا جاتا ہے
یا عہد کے ساتھ لنگر انداز ہوتا ہے۔

عہد طوفانوں سے بچ جاتا ہے۔

عہد کا بیان

یہ آپ اپنے الفاظ میں لکھیں گے۔
لیکن یہاں فریم ورک ہے:

میں مکمل طور پر یسوع مسیح سے تعلق رکھتا ہوں۔"
میری وفاداری خصوصی ہے۔ میں منقسم وفاداری کو ترک کرتا ہوں۔ میں پوشیدہ سمجھوتہ کو ترک کرتا ہوں۔ میں اپنی ذمہ داری کو قبول کرتا ہوں۔ میں نظم و ضبط کے ساتھ عقیدت کا عہد کرتا ہوں، میں تقدس کا پابند ہوں، میں برداشت کا عہد کرتا ہوں۔ میں "سابقہ نمونوں پر واپس نہیں آؤں گا۔ میں خدا کے سامنے اس عہد پر مہر ثبت کرتا ہوں۔

اسے لکھیں۔
اس پر دستخط کریں۔
اس کی تاریخ۔
رکھ لو۔

عکاسی کے سوالات

1.کیا میرا ایمان عہد ہے یا جذباتی؟
2.میں نے اپنے عہد میں کیا کیا چھوڑا ہے؟
3.کون سا علاقہ اب بھی دباؤ میں مذاکرات کرتا ہے؟
4.کیا میں سمجھتا ہوں کہ عہد میں احتساب ہوتا ہے؟
5.اگر عوامی سطح پر آزمایا جائے تو کیا یہ عہد قائم رہے گا؟

سنجیدگی سے جواب دیں۔

ساختی نماز (آج 60 منٹ)

(عبادت (15 منٹ .1
عہد کی پاسداری کے طور پر خدا کی عزت کریں۔
(امتحان (15 منٹ .2
زندگی کے ہر شعبے میں وضاحت طلب کریں۔
(اعلان (15 منٹ .3
اپنے عہد کو آہستہ آہستہ پڑھیں۔
(سیل کرنا (15 منٹ .4
روح القدس سے عزم کو مضبوط کرنے کے لیے کہیں۔

کے ساتھ بند کریں:

"میرا عہد قائم ہے۔"

ایکشن پوائنٹس

1.آج ہی اپنا عہد لکھیں اور دستخط کریں۔
2.ایک سمجھوتہ فوری طور پر ہٹا دیں۔
3.ایک قابل اعتماد مومن کے ساتھ اپنا عہد بانٹیں۔
4.اس عہد کا ماہانہ جائزہ قائم کریں۔
5.جوشوا 24 اور لوقا 22 کو آہستہ سے پڑھیں۔

اب ہم آخری حد پر ہیں۔
دن 40 عکاسی نہیں ہو گا.
یہ کمیشن ہو جائے گا.
یہ جمع کرے گا:

- آگ
- تحفظ
- اسائنمنٹ
- نظم و ضبط
- برداشت
- تقدس
- عہد

اور آپ کو آگے چھوڑ دیں۔

دن 40
کمشن انڈر فائر

کہانی کا فریم

ایک باپ نے تلوار اٹھائی۔
ایک ماں نے اسی گھر میں نماز پڑھی۔
ایک بھائی پر حملہ کر کے محفوظ کر لیا گیا۔
ایک بیٹے نے آسمان سے آگ اپنے مرشد کو مارتے دیکھا۔
اس نے جہنم دیکھی۔
اس نے جنت کو دیکھا ۔ ایک خوبصورت شہر۔
وہ گولیوں سے بچ گیا۔
دھات اس کے سر پر ٹکرائی۔
خون بہنے لگا۔
اسے مردہ تصور کیا گیا۔
وہ محفوظ تھا۔
اسکارٹس نے اس کی حفاظت کی۔
ایک صدر نے طبی انخلاء کا انتظام کیا۔
اس کا معائنہ کیا گیا ۔ کوئی نقصان نہیں ہوا۔
وہ تقریباً واپس آگیا۔
اس کا سامنا تھا ۔ "ہم بہت آگے جا چکے ہیں۔"
اسے کمیشن دیا گیا تھا ۔ "آپ کے پاس ایک اسائنمنٹ ہے۔"
اس نے نظم و ضبط پیدا کیا۔
اس نے منافقت کو رد کیا۔
اس نے برداشت کیا۔
وہ مقدس رہا۔
اس نے عہد پر مہر ثبت کی۔
اب جو بچا ہے وہ یہ ہے:
آپ

کلام کے اینکرز
عہد نامہ قدیم

"میں حاضر ہوں۔ مجھے بھیج دو۔"
یسعیاہ 6:8—

تصادم بھیجنے کی قیادت کرنا ضروری ہے.
نیا عہد نامہ

"جیسے باپ نے مجھے بھیجا ہے، میں بھی تمہیں بھیجتا ہوں۔"
یوحنا 20:21—

تحفظ مشن بن جاتا ہے۔
آخری سبق
یہ 40 دن کا سفر تعریف کے بارے میں نہیں تھا۔
یہ تبدیلی کے بارے میں تھا۔
کہانی سنانے کے بارے میں نہیں۔
لیکن صف بندی کے بارے میں۔
آگ اصلی تھی۔
ظلم و ستم حقیقی تھا۔
فتنہ اصلی تھا۔
تحفظ حقیقی تھا۔
لیکن اس سے بڑی حقیقت یہ ہے:
خدا آسمان اور زمین کو ایک سرنڈر شدہ زندگی کے لیے منتقل کرتا ہے۔
اگر آپ ان 40 دنوں میں جان بوجھ کر گزرے ہیں:
آپ ایک جیسے نہیں ہیں۔
اب آپ سمجھ گئے ہیں:

- بیعت سنجیدہ ہے۔
- تقدس کی حفاظت کرتا ہے۔
- نظم و ضبط برقرار رہتا ہے۔
- برداشت اہم ہے۔
- عہد کی مہریں ۔
- تفویض کارروائی کا مطالبہ کرتا ہے۔

آپ اس سفر کو ختم نہیں کر سکتے اور آرام سے نہیں رہ سکتے۔
کمیشن اختیاری نہیں ہے۔
یہ ہتھیار ڈالنے کا فطری نتیجہ ہے۔

کمیشن کا بیان

کھڑے ہو جاؤ۔

آہستہ سے کہو:

"میں آگ کے نیچے کام کر رہا ہوں.

میں نظم و ضبط کے ساتھ زندگی گزاروں گا. میں تقدس میں چلوں گا. میں وفاداری سے برداشت کروں گا. میں معیار کو بلند کروں گا. میں حکمت عملی سے متاثر کروں گا. میں واپس نہیں آؤں گا. میری وفاداری پر مہر لگ گئی ہے. میری اسائنمنٹ فعال ہے. مجھے بھیجیں."

توقف۔

دوبارہ کہو۔

ریلیز سے پہلے عکاسی

1.ان 40 دنوں میں مجھ میں کیا تبدیلی آئی ہے؟

2.کون سا نظم و ضبط غیر گفت و شنید رہنا چاہیے؟

3.مجھے فوری طور پر کس تفویض کو پورا کرنا چاہیے؟

4.مجھے کس ماحول پر اثر انداز ہونا چاہیے؟

5.اگر ظلم واپس آیا تو کیا میں کھڑا رہوں گا؟

اپنے جوابات لکھیں۔

آخری ساختی دعا (60 منٹ)

1. عبادت (15 منٹ)

مسیح کو اپنی زندگی کے رب کے طور پر عزت دیں۔

2. تشکر (10 منٹ)

تحفظ کے لیے اس کا شکریہ۔

3. تقدس (15 منٹ)

اپنا جسم، وقت، وسائل پیش کریں۔

4. شفاعت (10 منٹ)

مسیح سے ملنے کے لیے ایک شخص کے لیے دعا کریں۔

5. کمیشن (10 منٹ)

زبانی طور پر اپنی اسائنمنٹ کو قبول کریں۔

کے ساتھ بند کریں:

"میں آگے جاتا ہوں۔"

حتمی کارروائی کے اقدامات

1.روزانہ 60 منٹ کی ساخت کو برقرار رکھیں۔
2.ماہانہ اپنے عہد کا جائزہ لیں۔
3.تقدس کی حفاظت کرو۔
4.دوسروں کی تعمیر کریں۔
5.جوابدہ رہیں۔
6.بہاؤ سے انکار کریں۔
7.اچھی طرح ختم کریں۔

کلوزنگ چارج

تمہیں آسمان سے آگ کی ضرورت نہیں ہے۔
کالنگ ثابت کرنے کے لیے آپ کو گولیوں کی ضرورت نہیں ہے۔
اسائنمنٹ کی توثیق کرنے کے لیے آپ کو اسکارٹ کی ضرورت نہیں ہے۔
آپ کو ضرورت ہے:

طے شدہ بیعت۔

منظم نظم و ضبط۔ پائیدار تقدس۔ غیر متزلزل برداشت۔

جنت ایک پر خوش ہوتی ہے۔
وہ ایک ہو.
صرف فارورڈ کریں۔

صفحہ بند ہو رہا ہے۔
قارئین کے لیے ایک حتمی چارج

تم آگ سے گزر چکے ہو۔

آپ نے دیکھا ہے:

ایک باپ کا غصہ۔

ایک ماں کی خاموش شفاعت۔ایک بھائی تقریباً مارا گیا۔ایک سرپرست جنتی رکاوٹ سے کہا گیا۔جہنم کا نظارہ۔جنت کے سنہری شہر کی ایک جھلک۔گولیاں۔خون۔تحفظ۔تعزیرات۔کمیشن۔ڈسپلن۔تقدس۔معاہدہ۔

لیکن یہ کتاب کبھی ایک آدمی کے بارے میں نہیں تھی۔

بات بیعت کی تھی۔

یہ اس بارے میں تھا کہ جب سچائی روایت میں خلل ڈالتی ہے تو کیا ہوتا ہے۔

یہ اس بارے میں تھا کہ جب آگ گرتی ہے تو کیا بچتا ہے۔

یہ اس کے بارے میں تھا کہ جب اعتکاف سرگوشیوں میں باقی رہ جاتا ہے۔

اگر آپ یہاں تک پہنچ گئے ہیں، تو آپ اب تماشائی نہیں رہے۔

آپ اس کے لئے جوابدہ ہیں جو آپ اب جانتے ہیں۔

جنت ایک کے لیے حرکت کرتی ہے۔

وہ ایک ہو.

ہمت کی تعریف نہ کریں۔

اسے بنائیں۔

نظم و ضبط کا مطالعہ نہ کریں۔

اس کی مشق کریں۔

تقدس نہ منائیں۔

اس کا پیچھا کریں۔

عہد پر بحث نہ کریں۔

اس پر مہر لگائیں۔

آپ کو اتفاق سے زندگی گزارنے کے لیے نہیں کہا جاتا۔

آپ کو ہوش میں رہنے کے لیے کہا جاتا ہے۔

صرف فارورڈ کریں۔

کال ٹو ایکشن

فصل کے لیے شراکت داری

جیسے ہی آپ اس کتاب کو بند کرتے ہیں، ہم آپ کو دعوت دیتے ہیں کہ سفر کو ایک قدم آگے لے جائیں—نہ صرف آپ کی اپنی زندگی میں، بلکہ تمام اقوام کی بے شمار روحوں کی زندگیوں میں۔

اگر خدا کی عقاب وزارتوں (جی ای ایم) کے پیغامات نے آپ کے دل کو تقویت بخشی ہے، بیدار کیا ہے، یا آپ کے دل کو درست کیا ہے، تو ہم آپ سے عاجزی کے ساتھ درخواست کرتے ہیں کہ **فصل کی خاطر ہمارے ساتھ شراکت پر غور کریں**۔ دنیا سچائی، امید، اور روح القدس کی نرم لیکن غیر واضح آواز کی بھوکی ہے، اور ہم مل کر ان پیغامات کو وہاں رکھ سکتے ہیں جہاں ان کی سب سے زیادہ ضرورت ہے۔

ہمارا ماننا ہے کہ میڈیا ٹیکنالوجی سے بڑھ کر ہے۔ یہ ایک **روحانی جال ہے** جو قوموں، دیہاتوں، شہروں اور پوشیدہ جگہوں میں گہرا ہے۔ فلم، ویڈیو، ریڈیو، اور ڈیجیٹل منسٹری کے ذریعے، GEM ان لوگوں تک پہنچ رہا ہے جو شاید کبھی گرجہ گھر میں داخل نہ ہوں، لیکن جن کے دل زندہ مسیح سے ملنے کے لیے کھلے ہیں۔

آپ کی شراکت ہماری مدد کرتی ہے:

1. روح سے بھرپور فلم اور ویڈیو مواد تیار کریں۔

وہ کہانیاں اور تعلیمات جو یسوع کی محبت کو شفا بخشتی ہیں، متاثر کرتی ہیں اور واضح، متعلقہ، زندگی کو بدلنے والے طریقوں سے ظاہر کرتی ہیں۔

2. ریڈیو پر انجیل نشر کریں۔

خدا کے کلام کو جیلوں، ہسپتالوں، دیہی برادریوں، اور انٹرنیٹ کی پہنچ سے دور جگہوں تک لے جانا — جہاں امید کی کمی ہے اور سچائی قیمتی ہے۔

3. ہماری سوشل میڈیا تدریسی اور شاگردی مہمات کو وسعت دیں۔

روزانہ کی عبادتیں، دعائیں، اور تعلیمات جو مومنوں کو مضبوط کرتی ہیں، خاندانوں کو بحال کرتی ہیں اور عالمی سطح پر شاگردوں کو لیس کرتی ہیں۔

آپ کی حمایت کیوں اہمیت رکھتی ہے۔

جاری ہونے والا ہر پیغام روشنی کا بیج بن جاتا ہے۔

ہر تعلیم تبدیلی کی لہر بن جاتی ہے۔ فیاضی کا ہر عمل خدا کی عالمی فصل کا حصہ بن جاتا ہے۔

آپ کے دینے سے اس وزارت کو ان روحوں تک پہنچنے میں مدد ملتی ہے جو ہم زمین پر کبھی نہیں مل سکتے، لیکن ضرور ملیں گے۔ کوئی مقررہ رقم نہیں ہے ۔ صرف اسی طرح دیں جیسے رب آپ کی رہنمائی کرتا ہے۔ ہر تحفہ، بڑا یا چھوٹا، بادشاہی کو آگے بڑھانے میں اپنا کردار ادا کرتا ہے۔

شراکت دار یا دینا:

پے پال:

https://www.paypal.com/ncp/payment/D6NEFW56KG8LU

Tithe.ly:

https://tithe.ly/give?c=308311

فلٹر ویو - https://flutterwave.com/donate/bbkpkokehxlw

دینے کے تمام راستے:

https://www.otakada.org/partnership-giving

ہمارے ساتھ کھڑے ہونے کا شکریہ۔

فصل میں بونے کے لیے آپ کا شکریہ۔ قوموں تک مسیح کا پیغام پہنچانے میں ہماری مدد کرنے کے لیے آپ کا شکریہ۔

خُداوند آپ کو کثرت سے برکت دے، آپ کو کثرت سے بڑھائے، اور ہر اُس بیج کو جو آپ اُس کے جلال کے لیے بوتے ہیں۔

یسوع کے عظیم نام میں، آمین۔

سفیر پیر O. Ogbe , Zacharias Godseagle ; کمفرٹ لاڈی اوگبی

بانی، خدا کی عقاب وزارتیں (GEM)

www.otakada.org[1]

1. http://www.otakada.org

دوبارہ پیدا ہونے اور مسیح کے ساتھ نئی زندگی شروع کرنے کا طریقہ

٥ و سکتا ہے کہ آپ پہلے بھی یسوع کے ساتھ چل چکے ہوں، یا ہو سکتا ہے کہ آپ ان 40 دنوں میں اس سے ملے ہوں۔ لیکن ابھی، آپ کے اندر کچھ ہلچل مچا رہا ہے۔

آپ مذہب سے زیادہ کے لیے تیار ہیں۔ آپ

رشتے کے لیے تیار ہیں۔

"آپ یہ کہنے کے لیے تیار ہیں، "یسوع، مجھے آپ کی ضرورت ہے۔

یہاں حقیقت ہے:

کیونکہ ہر ایک نے گناہ کیا ہے؛ ہم سب خُدا کے شاندار معیار سے کم ہیں... پھر" "بھی خُدا، اپنے فضل سے، آزادانہ طور پر ہمیں اپنی نظر میں درست کرتا ہے۔

— رومیوں 3:23-24 (NLT)

آپ نجات حاصل نہیں کر سکتے۔

آپ خود کو ٹھیک نہیں کر سکتے۔ لیکن یسوع نے پہلے ہی پوری قیمت ادا کر دی ہے — اور وہ آپ کو گھر میں خوش آمدید کہنے کا انتظار کر رہا ہے۔

دوبارہ پیدا ہونے کا طریقہ

نئے سرے سے پیدا ہونے کا مطلب ہے اپنی زندگی کو یسوع کے حوالے کرنا — اس کی معافی کو قبول کرنا، یہ ماننا کہ وہ مر گیا اور دوبارہ جی اٹھا، اور اسے اپنے رب اور نجات دہندہ کے طور پر قبول کرنا۔

یہ آسان ہے۔ یہ طاقتور ہے۔ یہ سب کچھ بدل دیتا ہے۔

یہ دعا بلند آواز سے کریں:

خداوند یسوع، مجھے یقین ہے کہ آپ خدا کے بیٹے ہیں۔" میں یقین کرتا ہوں کہ آپ میرے گناہوں کے لیے مرے اور دوبارہ جی اٹھے۔ میں اعتراف کرتا ہوں کہ میں نے گناہ کیا ہے اور مجھے آپ کی معافی کی ضرورت ہے۔ آج، میں توبہ کرتا ہوں اور اپنے پرانے طریقوں سے رجوع کرتا ہوں، میں آپ کو اپنی زندگی میں اپنے رب اور نجات دہندہ کے لیے مدعو کرتا ہوں۔ آپ کی پیروی کروں گا اور میں آپ کے نقش قدم پر رہوں گا۔ یسوع کے نام پر مجھے بچانے کے لیے آپ کا شکریہ۔

نجات کے بعد اگلے اقدامات

1.**کسی کو بتائیں** - اپنے فیصلے کو اس مومن کے ساتھ شیئر کریں جس پر آپ بھروسہ کریں۔
2.**بائبل پر مبنی چرچ تلاش کریں** - ایک ایسی کمیونٹی میں شامل ہوں جو خدا کے کلام کی تعلیم دیتی ہے اور اسے زندہ کرتی ہے۔
https://www.otakada.org[1] یا https://chat.whatsapp.com/H67spSun32DDTma8TLh0ov[2] کے ذریعے خدا کی عقاب وزارتوں کو آن لائن دیکھیں
3.**بپتسمہ لیں** - اپنے عقیدے کا اعلان کرنے کے لیے عوامی طور پر اگلا قدم اٹھائیں۔
4.**روزانہ بائبل پڑھیں** – جان کی انجیل سے شروع کریں۔
5.**ہر روز دعا کریں** – خدا سے ایک دوست اور باپ کے طور پر بات کریں۔
6.**جڑے رہیں** - اپنے آپ کو ایسے لوگوں سے گھیر لیں جو آپ کی نئی واک کی حوصلہ افزائی کرتے ہیں۔
7.**کمیونٹی کے اندر شاگردی کا عمل شروع کریں** - ان لنکس کے ذریعے یسوع مسیح کے ساتھ ایک دوسرے کے ساتھ رشتہ استوار کریں۔

40 دن کی شاگردی 1 - - https://www.otakada.org/get-free-40-days-online-discipleship-course-in-a-journey-with-jesus/

40 شاگردی 2 - - https://www.otakada.org/get-free-40-days-dna-of-discipleship-journey-with-jesus-series-2/

---

1. https://www.otakada.org

2. https://chat.whatsapp.com/H67spSun32DDTma8TLh0ov

میرا نجات کا لمحہ

تاریخ : ____________________

دستخط : ____________________

"!اگر کوئی مسیح میں ہے تو وہ ایک نئی تخلیق ہے؛ پرانا ختم ہو گیا، نیا آ گیا ہے"
—2 کرنتھیوں 5:17

مسیح میں نئی زندگی کا سرٹیفکیٹ

نجات کا اعلان ۔ فضل سے دوبارہ پیدا ہوا۔

یہ اس بات کی تصدیق کرتا ہے۔

____

(پورا نام)

یسوع مسیح پر ایمان کا رب اور نجات دہندہ کے طور پر

اعلان کیا ہے اور اس کی موت اور قیامت کے ذریعے نجات کا مفت تحفہ حاصل کیا ہے۔

اگر آپ کھلے عام اعلان کرتے ہیں کہ یسوع خداوند ہے اور اپنے دل میں یقین" "رکھتے ہیں کہ خدا نے اسے مردوں میں سے زندہ کیا تو آپ بچ جائیں گے۔

(رومیوں 10:9 (این ایل ٹی —

اس دن جنت خوشیاں مناتی ہے اور ایک نیا سفر شروع ہوتا ہے۔

فیصلے کی تاریخ : ____________________

دستخط : ____________________________

نجات کا اعلان

آج، میں اپنی زندگی یسوع مسیح کے حوالے کرتا ہوں۔"

مجھے یقین ہے کہ وہ میرے گناہوں کے لیے مر گیا اور دوبارہ جی اُٹھا۔ میں اسے اپنے رب اور نجات دہندہ کے طور پر قبول کرتا ہوں۔ مجھے معاف کیا گیا، دوبارہ پیدا "ہوا، اور نیا بنایا گیا۔ اس لمحے سے آگے، میں اس کے نقش قدم پر چلوں گا۔

خدا کے خاندان میں خوش آمدید!

آپ کا نام میمنے کی زندگی کی کتاب میں لکھا گیا ہے۔

آپ کی کہانی ابھی شروع ہوئی ہے ۔ اور یہ ابدی ہے۔

خدا کی عقاب وزارتوں کے ساتھ جڑیں۔

- www.otakada.org: ویب سائٹ[3]
- www.wealthbeyondworryseries.com: فکر سے پرے دولت کی سیریز[4]
- ambassador@otakada.org: ای میل

- **اس کام کی حمایت کریں:**

عہد کی قیادت میں دینے کے ذریعے بادشاہی منصوبوں، مشنوں اور مفت عالمی وسائل کی حمایت کریں۔

کوڈ اسکین کریں - QR دینے کے لیے[5] https://tithe.ly/give?c=308311

آپ کی سخاوت ہمیں مزید روحوں تک پہنچنے، وسائل کا ترجمہ کرنے، مشنریوں کی مدد کرنے، اور عالمی سطح پر شاگردی کے نظام کی تعمیر میں مدد کرتی ہے۔ شکریہ!

3. https://www.otakada.org

4. https://www.wealthbeyondworryseries.com

5. https://tithe.ly/give?c=308311

مصنف BIO

مصنف کے بارے میں - حضرت ڈاکٹر عیسیٰ ال بوبہ صادق

پیغمبر ڈاکٹر عیسیٰ ال بوبا صادق ایوینجلیکل بائبلیکل آوٹ ریچ منسٹریز انٹرنیشنل (EBOMI) کے بانی اور رہنما ہیں، جس کا صدر دفتر جوس، پلیٹیو اسٹیٹ، نائجیریا میں ہے۔

ایک بار عسکریت پسند اسلامی تشکیل میں گہرائی سے تربیت حاصل کرنے کے بعد، ان کی زندگی الہی مقابلوں کے بعد یکسر بدل گئی جس نے اس کی وفاداری اور مشن کو دوبارہ ہدایت کی۔

آج، www.ebomi.org) EBOMI [1](کے ذریعے، وہ مومنوں کو ان کی نسل میں چوکیدار کے طور پر نظم و ضبط، تقدس، اور نبوی ذمہ داری پر چلنے کے لیے متحرک اور لیس کرتا ہے۔

وزارت کا اثر چرچ کی دیواروں سے باہر تک پھیلا ہوا ہے۔ رسائی کے اقدامات، تعلیمی پروگراموں، زرعی بااختیار بنانے، اور غریبوں اور مسکینوں کی دیکھ بھال کے ذریعے - جن میں سے اکثر مسلمان رہتے ہیں - یہ کام دشمنی کے بغیر یقین کے ساتھ جڑی ہوئی خدمت کی عکاسی کرتا ہے۔

ظلم و ستم، قتل کی کوششوں اور دھمکیوں کے باوجود، وہ منقسم برادریوں کے درمیان پل بناتے ہوئے روحانی معیارات کو بلند کرنا جاری رکھے ہوئے ہے۔

وہ قدیم نشانیوں کو بحال کرنے، چوکیداروں کو مضبوط بنانے، اور سمجھوتہ شدہ دور میں مومنوں کو نظم و ضبط کے ساتھ عیسائیت کی طرف بلانے کے لیے پرعزم ہے۔

ان لوگوں کے لیے جو مشغول ہونا چاہتے ہیں۔

(EBOMI) ایوینجلیکل بائبلیکل آوٹ ریچ منسٹریز انٹرنیشنل

ہیڈکوارٹر: نمبر 1 کاشم ابراہیم اسٹریٹ، جوس، پلیٹاؤ اسٹیٹ، نائجیریا

فون: 08082538837 ebomiglobal@gmail.com :ای میل

تفصیلات دینا اور شرکت کے چینلز وزارت کی سرکاری ویب سائٹ کے ذریعے عوامی طور پر دستیاب ہیں۔

1. http://www.ebomi.org

کمیشن عوامی طور پر خود کو اس طرح پیش کرتا ہے:

"ایک بنیاد پرست، پیشن گوئی، اور مستند وزارت انجیل کو پھیلانے اور زندگیوں کو تبدیل کرنے کے لیے پرعزم ہے۔"

زکریا گوڈسیگل

مصنف • استاد • وژنری لیڈر

Zacharias Godseagle کلام کا ایک پرجوش استاد اور مسیح کے جسم کے لیے ایک سمجھدار آواز ہے۔ روحانی بصیرت کے لیے ایک منفرد فضل کے ساتھ، زکریا وزراء وضاحت، پیشن گوئی کی گہرائی، اور ایمانداروں کو پاکیزگی، خدا پرستی اور مسیح کے سامنے مستند ہتھیار ڈالتے ہوئے دیکھنے کی دل جلانے والی خواہش کے ساتھ۔

خدا کی عقاب وزارتوں (GEM) کے کام میں ایک شریک مزدور کے طور پر، وہ شاگردی کے مواد، کتابی روشنی، اور میڈیا پر مبنی آؤٹ ریچ کو تشکیل دینے میں اہم کردار ادا کرتا ہے جو ڈیجیٹل اور جسمانی سرحدوں میں زندگیوں کو چھوتا ہے۔ اس کی تحریریں باطنی تبدیلی، فرمانبرداری، اور مسیح کو مومن کے دل کے تخت پر بحال کرنے پر مرکوز ہیں۔

زکریا ایک سادہ عقیدہ کے ذریعے کارفرما ہے: **جب دل ایک دوسرے سے منسلک ہوتا ہے تو تقدیر سیدھ میں آتی ہے۔**

وہ تدریس، سرپرستی، اور روح سے بھرپور تخلیقی منصوبوں کے ذریعے عالمی سطح پر سامعین تک پہنچنا جاری رکھے ہوئے ہے۔

سفیر پیر O. Ogbe

مصنف • مشنری کمیونیکیٹر • بانی، گاڈز ایگل منسٹریز (جی ای ایم)

سفیر پیر اوریوجو اوگووجو اوگبی **خدا کی عقاب وزارتوں (GEM)** کے بانی ہیں — ایک عالمی مشن جس کا مینڈیٹ ہے کہ "لوگوں کو اس کے کلام کے ذریعے خدا سے جوڑیں۔" سچائی، جذباتی کہانی سنانے، اور پیشن گوئی کی تعلیم کے لیے اپنے شدید جذبے کے لیے جانا جاتا ہے، وہ لکھنے، پوڈ کاسٹنگ، فلم سازی، ڈیجیٹل انجیلی بشارت، اور شاگردی کے ذریعے پوری قوموں کی خدمت کرتا ہے۔

قیادت، میڈیا اور مشنز کے پس منظر کے ساتھ، سفیر پیر کے پاس ایک ثقافتی مسح ہے جو افریقہ سے لے کر ایشیا، امریکہ، یورپ اور مشرق وسطیٰ تک گونجتا ہے۔ اس

کی تعلیمات مومن کے دل کی چھپی ہوئی لڑائیوں کا مقابلہ کرتی ہیں — لالچ، شناخت کی جدوجہد، روحانی تسکین، اور خُدا کے ساتھ قربت کے باریک کٹاؤ۔
وہ متعدد عقیدتوں، کتابوں کی سیریز، اور ملٹی میڈیا تعلیمات کے مصنف ہیں جو otakada.org اور GEM کے ڈیجیٹل پلیٹ فارمز کے ذریعے لاکھوں تک پہنچتے ہیں۔
اس کی زندگی کا پیغام سادہ لیکن گہرا ہے:
"جب مسیح مرکز میں بیٹھتا ہے، تو باقی سب کچھ اپنی صحیح جگہ لے لیتا ہے۔"

کمفرٹ لاڈی اوگبے

مصنف • شفاعت کرنے والا • وزارت میں شریک مزدور

کمفرٹ لاڈی اوگبی ایک مصنف، شفاعت کرنے والا، اور خدا کی عقاب وزارتوں کی کنگڈم تفویض میں شریک مزدور ہے۔ ہمدردی، سمجھداری، اور پرورش کرنے والے جذبے کے ساتھ تحفے میں، وہ اپنے ہر پروجیکٹ میں جذباتی گہرائی اور روحانی بنیاد لاتی ہے۔

اس کی شراکتیں - اکثر پردے کے پیچھے - عاجزی، حکمت اور شفا کی خوشبو رکھتی ہیں۔ مشورے، دعا، شاگردی، اور تخلیقی تعاون کے ذریعے وزراء کو راحت پہنچائیں، خاص طور پر ایسے کاموں میں جو خاندان کی بحالی، روحانی پختگی، اور دل کی تبدیلی پر زور دیتے ہیں۔

ایک مصنف کے طور پر، وہ زندہ تجربے اور روحانی یقین کے مقام سے لکھتی ہیں، قارئین کو مسیح میں مکمل ہونے کے لیے وضاحت، سکون اور حوصلہ افزائی پیش کرتی ہیں۔

سکون مومنوں کو نہ صرف علم میں، بلکہ روزمرہ کی زندگی میں - جہاں دل بھروسہ کرنا، ہتھیار ڈالنا اور پھلنا پھولنا سیکھتا ہے، خدا کا تجربہ کرنے میں مدد کرنے کے لیے پرعزم ہے۔

مصنف کا صفحہ:

https://www.amazon.com/stores/Zacharias-Godseagle/author/B0FCZ89D4K

ضمیمہ

اپینڈکس اے

60 منٹ کا اسٹریٹجک نماز کا ماڈل

اس ماڈل کی روزانہ مشق کی جانی چاہیے - کبھی کبھار نہیں۔

30 منٹ - عبادت

صرف اس بات پر توجہ مرکوز کریں کہ خدا کون ہے:

- اس کا تقدس
- اس کی حاکمیت
- اس کی رحمت
- اس کا انصاف
- اس کا اختیار
- اس کی وفاداری

کوئی درخواستیں نہیں۔
کوئی درخواست نہیں، صرف تعظیم۔

10 منٹ - اس کی خودمختاری کا اعلان کریں۔

زبانی اعلان کریں:

- خدا میری زندگی پر حکمرانی کرتا ہے۔
- خدا میرے خاندان پر حکمرانی کرتا ہے۔
- خدا میرے بلانے پر حکمرانی کرتا ہے۔
- خدا میرے ماحول پر حکمرانی کرتا ہے۔
- خدا میری قوم پر حکمرانی کرتا ہے۔

اعلامیہ کے ذریعے اتھارٹی مضبوط ہوتی ہے۔

10 منٹ - توبہ

جانچیں:

- رویہ
- تقریر
- محرکات
- پوشیدہ سمجھوتہ
- روحانی سستی۔

خاص طور پر اعتراف کریں۔

10 منٹ — بادشاہی سے منسلک فرمان

کلام پر مبنی صف بندی کا اعلان کریں:

- میں تقدس میں چلتا ہوں۔
- میں نظم و ضبط کے ساتھ رہتا ہوں۔
- میں وفاداری سے برداشت کرتا ہوں۔
- میں اسائنمنٹ کو پورا کرتا ہوں۔
- میں پیچھے ہٹنے سے انکار کرتا ہوں۔

خود غرضانہ خواہشات کا فیصلہ نہ کریں۔
صحیفہ کے ساتھ موافقت کریں۔

اپینڈکس بی

7 روزہ ڈسپلن ری سیٹ گائیڈ

مسلسل سات دن:

1.روزانہ منظم نماز کا ایک بلاتعطل گھنٹہ۔
2.ایک انجیل کو پوری طرح پڑھیں۔
3.رات کے وقت سالمیت کا آڈٹ۔
4.کوئی گپ شپ، شکایت، مبالغہ آرائی نہیں۔
5.کم از کم ایک جان بوجھ کر روزہ۔
6.ڈیجیٹل شور کو کم کیا۔
7.روزانہ احتساب چیک ان۔

سات دن دوبارہ حساسیت پیدا کرتے ہیں۔

اپینڈکس سی

ذاتی وفاداری عہد کا سانچہ

اسے اپنی ہینڈ رائٹنگ میں لکھیں۔

بیعت کا ذاتی عہد

میں، ______________________،
یسوع مسیح سے اپنی مکمل اور خصوصی بیعت کا اعلان کرتا ہوں۔
میں منقسم وفاداری ترک کرتا ہوں۔
میں پوشیدہ سمجھوتہ کو مسترد کرتا ہوں؛ میں نجی اور عوامی زندگی میں تقدس کا پابند ہوں؛ میں نظم و ضبط کی دعا کا پابند ہوں؛ میں وفاداری کو برقرار رکھنے کا عہد کرتا ہوں؛ میں اپنی الٰہی ذمہ داری کو قبول کرتا ہوں؛ میں پیچھے ہٹنے سے انکار کرتا ہوں۔

میں خدا کے سامنے اس عہد پر مہر لگاتا ہوں۔

دستخط شدہ: ______________________

تاریخ: ______________________

پادری کی آخری نعمت

آپ کی وفاداری غیر متزلزل ہو۔ آپ کا نظم و ضبط قائم رہے؛ آپ کا تقدس آپ کے مستقبل کی حفاظت کرے؛ آپ کی برداشت کی شدت برقرار رہے؛ آپ کی ذمہ داری پوری ہو؛ کوئی گولی، کوئی خیانت، کوئی مایوسی، کوئی منافقت، اور واپسی کی کوئی سرگوشی آپ کو پیچھے نہ کھینچے۔

آپ اپنی دوڑ مکمل کر لیں۔
جنت آپ پر خوش کرے۔
صرف فارورڈ کریں۔

تجویز کردہ کتابیں اور وسائل

سی ایس لیوس (1898-1963) -میری عیسائیت، مکمل طور پر زندہ: ایک ہچکچاہٹ کا شکار دماغ سے تبدیل شدہ زندگی تک (زندہ خط - 40 دن کی عقیدتی سیریز | کتاب کی کتاب 2)

ای بک

https://www.amazon.com/Lewis-1898-1963-Mere-Christianity-Fully-ebook/dp/B0GKQ27F9N

پیپر بیک

https://www.amazon.com/Lewis-1898-1963-Mere-Christianity-Fully/dp/B0GM8YMXC3

ہارڈ کور

https://www.amazon.com/Lewis-1898-1963-Mere-Christianity-Fully/dp/B0GM8WHXJL

ایس ٹی ہپو کا اگست (354-430 عیسوی)

بے چین دل سے تحریری زندگی تک - زندہ خطوط - 40 دن کی عقیدتی سیریز - 1

ایمیزون ای بک لنک - https://www.amazon.com/ST-AUGUSTINE-
HIPPO-354-430-Devotional-ebook/dp/B0GJN8N9XS
ایمیزون پیپر بیک آرڈر لنک - https://www.amazon.com/St-Augustine-
Hippo-354-430-Devotional/dp/B0GJWTVLR6

Ingramspark پیپر بیک لنک - https://shop.ingramspark.com/b/
084?params=BZOOW3dj93aGEtBL2Fv1VY8wV1OQvA10dtZRDgk7Z9Z
مجھے اسکین کریں۔

تجدید 7
اپنے گھر کے دل کو 7 دنوں میں ٹھیک کریں
تجدید سیریز - فیملی یونٹی ایڈیشن

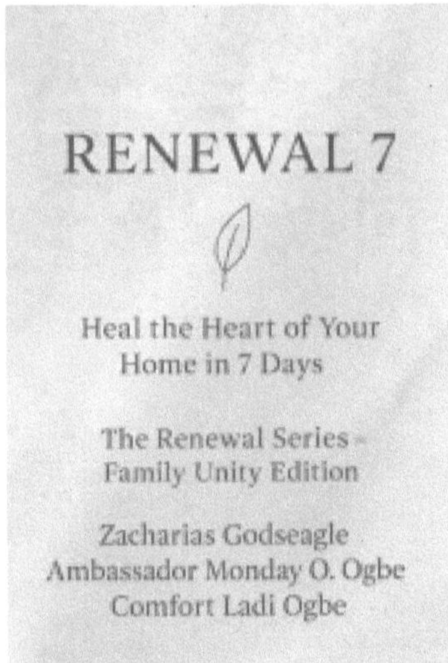

بک پیپر بیک کا لنک - https://shop.ingramspark.com/b/
084?params=htyfL002e1JzyEpZWkKtaXWF5FJ1jZFOjgiQKEfcbnw
ایمیزون پیج پیپر بیک کا لنک - https://www.amazon.com/RENEWAL-Heal-
Heart-Your-Renewal/dp/B0GD92153W

ای بک سے لنک ۔

https://www.amazon.com/RENEWAL-Heal-Heart-Your-Renewal-ebook/dp/B0G91BMFND

مجھے اسکین کریں ۔

تجدید 7: اپنے گھر کے دل کو 7 دنوں میں ٹھیک کریں۔

تجدید سیریز - فیملی یونٹی ایڈیشن

پیپر بیک کا لنک - https://shop.ingramspark.com/b/084?params=nSEElv9oUsItOu5akVZlg4ycGbbmvlBOtSiqeOZr5yQ

ایمیزون پیپر بیک سے لنک - - https://www.amazon.com/RENEWAL-MARRIAGE-Heart-Marriage-Renewal/dp/B0GDC1YZJ7

ای بک سے لنک - - https://www.amazon.com/RENEWAL-MARRIAGE-Heart-Marriage-Renewal-ebook/dp/B0G6JXJWJL

دل کا عرش - 12 لڑائیاں ہمیں جیتنی ہیں۔

ایمیزون ای بک - https://www.amazon.com/THRONE-HEART-COVETOUSNESS-Counterfeit-CONTENTMENT-ebook/dp/B0G4SPFRY7

ایمیزون پیپر بیک - https://www.amazon.com/THRONE-HEART-COVETOUSNESS-Counterfeit-CONTENTMENT/dp/B0G4TKW1ND

INGRAMSPARK سے پیپر بیک - https://shop.ingramspark.com/b/084?params=a75LJXtvvI63VnzeQPleQTkAJWfu8CPQV6l5Oe31D80

آڈیو لنک کے ساتھ زکریا گوڈسیگل کے 4 میں 1 خطبات ۔

ایمیزون ای بک لنک - https://www.amazon.com/Sermons-Zacharias-Godseagle-Audio-links-ebook/dp/B0G4XCH4TW

ایمیزون پیپر بیک - https://www.amazon.com/Sermons-Zacharias-Godseagle-Audio-links/dp/B0G4TK4XGT

پیپر بیک انگرام اسپارک لنک - https://shop.ingramspark.com/b/084?params=nK2JERskkbhdAOSNseTUNRhaCFqUPZuhB4uYfqrXvGb

THE LOGOS PROTOCOL SERIES | 1
PILGRIM CODE
AI AWAKENING
A prophetic sci-fi thriller where faith collides with artificial intelligence, and light wars against the code.
ZACHARIAS GODSEAGLE
AMBASSADOR MONDAY O. OGBE
COMFORT LADI OGBE

ای بک - https://www.amazon.com/Logos-Protocol-Awakening-artificial-intelligence-ebook/dp/B0FXNQFSWZ

پیپر بیک - https://www.amazon.com/Logos-Protocol-Awakening-artificial-intelligence/dp/B0FXNGR66D

ہارڈ بیک - https://www.amazon.com/Logos-Protocol-Awakening-artificial-intelligence/dp/B0FZNTQR6Y

پیپر بیک Ingramspark - https://shop.ingramspark.com/b/084?params=QkK4aNYTYO9U5z9uOkdHgc7Ue1eGDLqbb1tz9WRPaSk

نجات کیوں ناکام ہوتی ہے - اور خدا کی آگ روح کو کیسے بحال کرتی ہے: ہمہ گیر نجات کے لیے 40 روزانہ اعلانات

ای بک - - https://www.amazon.com/Why-Deliverance-Fails-Declarations-All-Round-ebook/dp/B0FW74L4G4

پیپر بیک - - https://www.amazon.com/Why-Deliverance-Fails-Declarations-All-Round/dp/B0FWB3LXRM

محفوظ کیا گیا لیکن کھویا گیا – دی غیر شاگردی تبدیل – 25 زبانوں میں ترجمہ کیا گیا۔

پیپر بیک

https://shop.ingramspark.com/b/084?params=iYNB6S3PLMfREpm0jMM15bMe3BvWlkjcYyLYnHVGAds

ای بک - https://www.amazon.com/SAVED-BUT-LOST- -UNDISCIPLED-heartbreak-ebook/dp/B0FVJ29DF7

روحانی جنگ اور بحالی کے 7 دن - یہ حصہ 1 ہے
دشمن کو باندھنا، تیروں کو سات گنا لوٹانا، اور اپنی تقدیر کو بحال کرنا

https://shop.ingramspark.com/b/084?params=8mPzqUl73Ex7uPyeO7ydyt8EGkkB6u2gX1jZvWU8j1C

ای بک لنک - -https://www.amazon.com/DAYS-SPIRITUAL-WARFARE-RECOVERY-Returning-ebook/dp/B0FMPJM5KZ

روحانی جنگ اور بحالی کے 7 دن - حصہ 2 - فتح پر مہر لگانا، گھریلو برائیوں کو توڑنا، اور اپنی بحال شدہ تقدیر کو محفوظ رکھنا

https://shop.ingramspark.com/b/ - پیپر بیک
084?params=LkpNmGSsApHhWhiSO7bW3wFmcXQKIO4ZEBeSbP5rL1S
https://www.amazon.com/DAYS-SPIRITUAL-WARFARE- - ای بک
RECOVERY-Wickedness-ebook/dp/B0FR9YCMY8

اندھیرے سے غلبہ تک: اندھیرے کی چھپی ہوئی گرفت سے آزاد ہونے کے لیے 40 دن

بیداری، نجات اور طاقت کی عالمی عقیدت - افراد، خاندانوں، اور قوموں کے لیے جو آزاد ہونے کے لیے تیار ہیں

پیپر بیک

https://shop.ingramspark.com/b/084?params=aVgp21QfwJxNANkfMxIQ0yejuFCVY12KFr978SRkZUD

ایمیزون لنک - -https://www.amazon.com/DARKNESS-DOMINION-Devotional-Awareness-Deliverance-ebook/dp/B0FLDH2Y67

•**اندھیرے کی طاقت سے نجات (پیپر بیک)** - یہاں خریدیں [1] | ایمیزون پر [2] ای بک [3]

•:**ریاستہائے متحدہ سے سرفہرست جائزے**

◦**کنڈل کسٹمر** : "اب تک کا بہترین عیسائی پڑھا گیا!" (5 ستارے)

اس گواہی کے لیے یسوع کی تعریف کریں۔ مجھے بہت برکت ملی ہے اور میں ہر ایک کو اس کتاب کو پڑھنے کی سفارش کروں گا... کیونکہ گناہ کی اجرت موت ہے لیکن خدا کا تحفہ ابدی زندگی ہے۔ السلام علیکم! السلام علیکم!

•**Da Gster** : "یہ ایک بہت ہی دلچسپ اور بلکہ عجیب کتاب ہے۔" (5 ستارے)

اگر کتاب میں جو کہا گیا ہے وہ سچ ہے تو ہم واقعی اس سے بہت پیچھے ہیں جو دشمن کرنے کی صلاحیت رکھتا ہے! ... روحانی جنگ کے بارے میں سیکھنے کے خواہشمند ہر فرد کے لیے ضروری ہے۔

•**ویزا** : "اس کتاب سے پیار کریں" (5 ستارے)

---

1. https://shop.ingramspark.com/b/084?params=oeYbAkVTC5ao8PfdVdzwko7wi6IQimgJY2779NaqG4e
2. https://www.amazon.com/Delivered-Power-Darkness-AFRICAN-DELIVERED-ebook/dp/B0CC5MM4MV
3. https://www.amazon.com/Delivered-Power-Darkness-AFRICAN-DELIVERED-ebook/dp/B0CC5MM4MV

یہ آنکھ کھولنے والا ہے... ایک سچا اعتراف... حال ہی میں اسے خریدنے کے لیے ہر جگہ تلاش کر رہا ہوں۔ اسے ایمیزون سے حاصل کرکے بہت خوشی ہوئی۔

•**FrankJM** : "کافی مختلف" (4 ستارے)

یہ کتاب مجھے یاد دلاتی ہے کہ حقیقی روحانی جنگ کتنی ہے۔ یہ "خدا کا مکمل ہتھیار" پہننے کی وجہ بھی ذہن میں لاتا ہے۔

•**جین جین** : "ہر کوئی جو جنت میں جانا چاہتا ہے۔ اسے پڑھیں!" (5 ستارے)

اس کتاب نے میری زندگی کو بہت بدل دیا۔ جان رامیرز کی گواہی کے ساتھ، یہ آپ کو اپنے ایمان کو مختلف انداز میں دیکھنے پر مجبور کرے گا۔ میں نے اسے 6 بار پڑھا ہے!

•سابق شیطانی: جیمز ایکسچینج (پیپر بیک) - یہاں خریدیں [4]| ایمیزون پر [5]ای بک[6]

---

4. https://shop.ingramspark.com/b/084?params=I2HNGtbqJRbal8OxU3RMTApQsLLxcUCTC8zUdzDy0W1

5. https://www.amazon.com/JAMESES-Exchange-Testimony-High-Ranking-Encounters-ebook/dp/B0DJP14JLH

6. https://www.amazon.com/JAMESES-Exchange-Testimony-High-Ranking-Encounters-ebook/dp/B0DJP14JLH

• **ایک افریقی سابق شیطان کی گواہی** - پادری جوناس لوکنٹو ایمپالا (پیپر بیک) - یہاں خریدیں[7] | ایمیزون پر[8] ای بک[9]

• گریٹر ایکسپلائٹس 14 (پیپر بیک) - یہاں خریدیں[10] | ایمیزون پر[11] ای بک[12]

7. https://shop.ingramspark.com/b/084?params=0Aj9Sze4cYoLM5OqWrD20kgknXQQqO5AZYXcWtoMqWN
8. https://www.amazon.com/TESTIMONY-African-EX-SATANIST-Pastor-Jonas-ebook/dp/B0DJDLFKNR
9. https://www.amazon.com/TESTIMONY-African-EX-SATANIST-Pastor-Jonas-ebook/dp/B0DJDLFKNR
10. https://shop.ingramspark.com/b/084?params=772LXinQn9nCWcgq572PDsqPjkTJmpgSqrp88b0qzKb
11. https://www.amazon.com/Greater-Exploits-MYSTERIOUS-Strategies-Countermeasures-ebook/dp/B0CGHYPZ8V
12. https://www.amazon.com/Greater-Exploits-MYSTERIOUS-Strategies-Countermeasures-ebook/dp/B0CGHYPZ8V

•— جان رامیرز کی طرف سے شیطان کے کولڈرن سے باہر ایمیزون پر دستیاب ہے۔[13]

•- ریبیکا براؤن کے ذریعہ قیدیوں کو آزاد کرنے آیا تھاایمیزون پر تلاش کریں۔[14]

مصنف کی طرف سے شائع کردہ دیگر کتابیں - 1000 سے زیادہ عنوانات

پیار، چنا اور مکمل : مسترد ہونے سے بحالی تک 30 دن کا سفر دنیا کی 40 زبانوں میں ترجمہ کیا گیا

https://www.amazon.com/Loved-Chosen-Whole-Rejection-Restoration-ebook/dp/B0F9VSD8WL

https://shop.ingramspark.com/b/084?params=xga0WR16muFUwCoeMUBHQ6HwYjddLGpugQHb3DVa5hE

---

https://www.amazon.com/Out-Devils-Cauldron-John-Ramirez/dp/0985604306 .13

https://www.amazon.com/He-Came-Set-Captives-Free/dp/0883683239 .14

Loved, Chosen
and Whole
A 30-Day Journey
from Rejection to
Restoration
Zacharias Godseagle; Ambassador
Monday O. Ogbe; Comfort Ladi Ogbe

ان کے قدموں میں — ایک 40 دن کا WWJD چیلنج:
دنیا بھر میں حقیقی زندگی کی کہانیوں میں یسوع کی طرح زندگی گزارنا

https://www.amazon.com/His-Steps-Challenge-Real-Life-Stories-ebook/dp/B0FCYTL5MG

https://shop.ingramspark.com/b/084?params=DuNTWS59IbkvSKtGFbCbEFdv3Zg0FaITUEvlK49yLzB

یسوع دروازے پر:
40 دل دہلا دینے والی کہانیاں اور آج کے گرجا گھروں کو جنت کی آخری وارننگ
https://www.amazon.com/dp/B0FDX31L9F
https://shop.ingramspark.com/b/084?params=TpdA5j8WPvw83glJ12N1B3nf8LQte2a1lIEy32bHcGg

عہد کی زندگی: استثنا 28 کی برکت میں چلنے کے 40 دن
https://www.amazon.com/dp/B0FFJCLDB5 -
حقیقی لوگوں، حقیقی فرمانبرداری اور حقیقی کی کہانیاں
https://shop.ingramspark.com/b/084?params=bH3pzfz1zdCOLpbs7tZYJNYgGcYfU32VMz3J3a4e2Qt

20 سے زیادہ زبانوں میں تبدیلی

اسے جاننا اور اسے جاننا:

شفا یابی، تفہیم، اور دیرپا محبت کے 40 دن

https://www.amazon.com/KNOWING-HER-HIM-Healing-Understanding-ebook/dp/B0FGC4V3D9
https://shop.ingramspark.com/b/084?params=vC6KCLoI7Nnum24BVmBtSme9i6k59p3oynaZOY4B9Rd

مکمل، مقابلہ نہیں:
مقصد، اتحاد اور تعاون کا 40 دن کا سفر

https://shop.ingramspark.com/b/084?params=5E4v1tHgeTqOOuEtfTYUzZDzLyXLee30cqYo0Ov9941
https://www.amazon.com/COMPLETE-NOT-COMPETE-Journey-/Collaboration-ebook/dp/B0FGGL1XSQ

الہی صحت کا کوڈ - خدا کے کلام اور تخلیق کے ذریعے شفا یابی کو فعال کرنے کے لیے روزانہ کی 40 کلیدیں پودوں، دعا اور نبوی عمل کی شفا بخش طاقت کو کھولتی ہیں-

https://shop.ingramspark.com/b/
084?params=xkZMrYcEHnrJDhe1wuHHYixZDViiArCeJ6PbNMTbTux
https://www.amazon.com/dp/B0FHJT42TK

دیگر کتابیں مصنف کے صفحے پر مل سکتی ہیں https://www.amazon.com/stores/Ambassador-Monday-O.-Ogbe/author/B07MSBPFNX

www.ingramcontent.com/pod-product-compliance
Lightning Source LLC
LaVergne TN
LVHW040425051026
849517LV00002B/470
9798295650963